JN232348

NPO法人の社員総会Q&A

熊谷則一

花伝社

はじめに

　1998年（平成10年）12月に特定非営利活動促進法が施行されてから、早くも3年が経ちました。2001年の年末段階で、特定非営利活動法人として認証を受けた団体は5000を超えています。
　この数が多いのか少ないのかは、論者によって評価が異なることでしょう。しかし、確実にいえるのは、この3年の間に、従前は存在しなかった権利義務の主体が5000は増加したということであり、ここには、のべ2万人を超す理事・監事が存在し、のべ5万人を超える人々が特定非営利活動法人の社員として何らかの形で特定非営利活動に関わっているということです。この数は決して少ないものではないと考えられます。

　NPOには、今日、多くの期待が寄せられています。例えば、特定非営利活動法人は公益の増進に寄与することが目的に掲げられているため、地方公共団体が分権化社会推進政策の一環として、特定非営利活動法人との「協働」を模索する動きも活発化させてきています。また、例えば、特定非営利活動法人は非営利ではあるものの、有償での活動を否定するものではないという理解が広まるにつれて、コミュニティビジネスを特定非営利活動法人で「起業」する動きも活発になってきており、雇用の受け皿としても期待されてきています。
　このような動向を背景に、今後、特定非営利活動法人はますます増加し、関与する人々も増え、社会的影響力も増大していくことになるものと考えられます。

　特定非営利活動法人の社会への影響力が強まることは、他方で、特定非営利活動法人の社会への責務も強く認識させることになるでしょう。特定非営利活動法人は、人数の多少に関わり無く、単なるサークル的集団を脱皮して、「公器」としての責任を果たさなければならなくなると考えられます。
　特定非営利活動法人が対外的に責任を担うには、しっかりとした組織運営を行うことが必要になります。組織運営の要は、組織の責任者である理事か

ら構成される理事会ですが、法律上、特定非営利活動法人の最高意思決定機関は社員総会であり、社員総会も組織運営における重要な役割を担っていることが認識されなければなりません。

しかし、現実には、社員総会の重要性が認識されないまま組織運営がなされている特定非営利活動法人が少なくないようです。もちろん、これは、日常的に理事や社員相互のコミュニケーションが取れており、社員総会という形式にとらわれなくともよいからなのだと「善意」に解釈したいところですが、社員の善意に甘えて理事らが不適切な組織運営を行っているとしたら、大いに問題です。

本書は、特定非営利活動法人の最高意思決定機関である社員総会についての実務書です。法律が予定している社員総会のあり方についての解説書が従前無かったことも、社員総会の重要性が見過ごされてきた原因であると考え、様々な問題をQ＆A方式で分かり易く解説しました。

本書が、特定非営利活動法人の役員や社員、さらには特定非営利活動法人を支援する人々の参考資料として利用され、特定非営利活動法人の活動が益々活発になることを期待しています。

本書は、私が理事長をしている特定非営利活動法人生涯学習アクティブネットの役員（公認会計士菅野豊氏、同澤田雪児氏、同中森真紀子氏、同藤田整継氏、社会保険労務士村山眞也氏、ファイナンシャル・プランナー内貴聡氏）の協力があったため、執筆に至りました。中でも菅野豊氏には、決算に関する社員総会の役割を中心に数々の教示を頂きました。また、私が弁護士として所属している濱田法律事務所の所長である濱田俊郎弁護士には、私がNPO活動に多くの時間を割くことに快諾を頂き、本書もそのような時間によって書き上げることができました。花伝社の平田勝氏にも無理をお願いしました。このように、本書はNPOに理解がある多くの方々のご協力があって完成しました。ここに感謝の意を表したいと思います。

2002年1月　熊谷則一

NPO法人の社員総会Q&A

◆

目　次

はじめに　　1

第1章　社員総会の基礎知識

　　1－1　　社員総会の地位 ･････････････････････ 10
　　1－2　　社員総会の種類 ･････････････････････ 12
　　1－3　　社員総会の権限 ･････････････････････ 13
　　1－4　　社員総会の専権事項 ･････････････････ 15
　　1－5　　社員総会の省略 ･････････････････････ 17
　　1－6　　社員総会の持ち回り決議 ･････････････ 18
　　1－7　　社員総会の招集権限 ･････････････････ 20
　　1－8　　社員からの総会招集請求 ･････････････ 22
　　1－9　　理事及び監事の選任 ･････････････････ 24
　　1－10　　Ｗｅｂ上での社員総会 ･････････････ 27
　　1－11　　社員総会以外の会議体 ･････････････ 29
　　1－12　　社員の表決権 ･････････････････････ 31
　　1－13　　社員総会開催の場所 ･････････････････ 33

第2章　社員総会事務日程の策定

　　2－1　　事務日程の概要 ･････････････････････ 36
　　2－2　　通常社員総会の開催時期 ･････････････ 39
　　2－3　　総会出席社員の確定 ･････････････････ 41
　　2－4　　事業報告書の作成 ･････････････････････ 43
　　2－5　　財産目録等の作成 ･････････････････････ 45
　　2－6　　事業報告書等の社員総会への付議手順 ････ 47
　　2－7　　監事の監査報告 ･････････････････････ 50
　　2－8　　決算理事会 ･････････････････････････ 52
　　2－9　　理事会の議決を経ない社員総会 ･･･････ 55
　　2－10　　総会準備の日程例 ･････････････････････ 58

第3章　議案の作成

- 3－1　会議の目的事項 …………… 62
- 3－2　通常社員総会の議題 …………… 64
- 3－3　記載例―事業報告書等の承認 …………… 66
- 3－4　記載例―事業計画承認 …………… 68
- 3－5　記載例―収支予算承認 …………… 70
- 3－6　記載例―定款変更 …………… 72
- 3－7　記載例―役員選任 …………… 76
- 3－8　辞任により員数を欠いた場合の理事の選任 …………… 80
- 3－9　死亡により員数を欠いた場合の理事の選任 …………… 84
- 3－10　記載例―役員報酬支払 …………… 87

第4章　招集通知の作成

- 4－1　招集通知の作成者 …………… 92
- 4－2　招集通知の内容 …………… 93
- 4－3　招集通知の具体例 …………… 95
- 4－4　招集通知の添付書類 …………… 99
- 4－5　招集通知の発送時期 …………… 101
- 4－6　招集通知の発送遅滞 …………… 103
- 4－7　招集期間短縮の同意がない社員総会 …………… 106
- 4－8　書面表決制度 …………… 109
- 4－9　書面表決書 …………… 111
- 4－10　委任状 …………… 113
- 4－11　議案の変更 …………… 115
- 4－12　社員総会招集権者の入院 …………… 117
- 4－13　招集通知の不達 …………… 119
- 4－14　電子メールによる招集通知 …………… 122

第5章　社員総会の進行

- 5－1　社員総会の準備　…………　126
- 5－2　社員総会出席者の把握　………　128
- 5－3　書面表決書と社員総会への出席　……　130
- 5－4　定型委任状を用いない代理人　………　131
- 5－5　書面表決書と代理人　……………　133
- 5－6　社員総会途中での入退場　………　135
- 5－7　社員総会の進行　……………　137
- 5－8　議長の権限　…………………　140
- 5－9　議案の審議　…………………　142
- 5－10　質疑応答での対応　……………　145
- 5－11　社員総会での説明範囲　………　146
- 5－12　動議の扱い　…………………　150
- 5－13　表決の委任　…………………　153
- 5－14　代理委任状への押印　…………　155
- 5－15　代理人のみが出席する社員総会の有効性　…　157
- 5－16　社員総会での可決要件　………　159
- 5－17　理事候補者の減員　……………　162
- 5－18　招集通知の記載漏れと議案の追加　……　164
- 5－19　電子メールによる議決権行使　……　166
- 5－20　利害関係人と社員総会の議決　………　168

第6章　社員総会終了後の手続

- 6－1　社員総会議事録の作成　……………　172
- 6－2　社員総会議事録の機能　……………　173
- 6－3　社員総会議事録作成の時期　………　175
- 6－4　社員総会議事録の構成　……………　176
- 6－5　審議の経過等の記載例　……………　179

6—6	社員総会議事録記載例 ………………	183
6—7	社員総会議事録の公開 …………………	186
6—8	議案反対者の議事録への記載 …………	187
6—9	議事録と理事就任承諾 …………………	189
6—10	議事録と理事就任内諾 …………………	192
6—11	理事改選と議事録署名人 ………………	195
6—12	書類の備え置き …………………………	198
6—13	社員総会後の理事会 ……………………	200
6—14	社員総会と決算申告 ……………………	203
6—15	定款変更の議決後の手続 ………………	205
6—16	役員選任の議決後の手続 ………………	208
6—17	財産目録承認後の手続 …………………	210
6—18	事務所変更の議決後の手続 ……………	213
6—19	従たる事務所変更・新設の議決後の手続 ……	216
6—20	社員総会結果の報告 ……………………	219

● 資料編

資料1　モデル定款／222
資料2　特定非営利活動促進法／232

本書では、特定非営利活動促進法を「NPO法」と記載し、特定非営利活動法人を「NPO法人」と記載しています。
また、「モデル定款」とは、各都道府県等が公表している定款例に基づいて作成した巻末資料の「モデル定款」を指しています。

第1章　社員総会の基礎知識

- 1－1　社員総会の地位
- 1－2　社員総会の種類
- 1－3　社員総会の権限
- 1－4　社員総会の専権事項
- 1－5　社員総会の省略
- 1－6　社員総会の持ち回り決議
- 1－7　社員総会の招集権限
- 1－8　社員からの総会招集請求
- 1－9　理事及び監事の選任
- 1－10　Ｗｅｂ上での社員総会
- 1－11　社員総会以外の会議体
- 1－12　社員の表決権
- 1－13　社員総会開催の場所

1−1
社員総会の地位

Q NPO法人において社員総会とは、どのような機関ですか。

A 社員総会とは、NPO法人に必須の機関であり、最高の意思決定機関です。

【解　説】
◆社員総会の根拠条文

　NPO法は、定款に「会議に関する事項」を記載しなければならない（NPO法11条1項7号）として、社員総会を含めた会議について定款で定めることを要求しています。しかし、社員総会そのものについての規定は設けておらず、すべて民法を準用しています（NPO法30条、民法60条から66条）。

◆社員総会の地位

　NPO法人における社員総会は、民法の規定に基づいていますから、NPO法人の社員総会の地位を考えるには、民法上の社団法人の社員総会の地位についての議論が参考になります。

　民法上の社団法人における社員総会は、「社団法人の構成員である社員によって構成される社団法人の最高機関であり、同時に必須の機関でもある」とされています（藤原弘道『新版注釈民法（2）』398頁）。

　民法を準用しているNPO法人の社員総会の地位も、このような社団法人の社員総会の地位と同様、「NPO法人の構成員である社員によって構成されるNPO法人の最高機関であり、同時に必須の機関である」ということができると解すことができます。

　即ち、NPO法人の事務は、定款によって特に理事その他の役員・機関に委ねられた事項を除き、すべて社員総会の決議に基づいて行われ（NPO法30条、民法63条）、定款変更は社員総会でのみ可能であって、定款変更を

すればNPO法人の目的を変えることもでき（NPO法25条）、社員総会で解散を決議することもできる（NPO法31条1項1号）のであって、社員総会は、NPO法人における最高機関というべき地位にあると考えられます。もちろん、定款の定め方や運営実態によっては、理事会主導型のNPO法人もありますが、社員総会は、最終的には定款変更によって、理事会に委任していた事項を社員総会での決定事項にすることが可能であることに鑑みれば、NPO法人の「最高機関」であるというべきでしょう。

　また、NPO法人は、少なくとも年に1回は、社員総会を開催しなければならず（NPO法30条、民法60条）、社団法人と同様、定款をもってしても社員総会を欠くことができないと考えられますから、社員総会はNPO法人の必須の機関であるということができます。

◆社員によるNPO法人の運営への参加
　モデル定款では、様々な事項を総会の議決事項とし、必ずしも理事に対して多くの権限を委任しているわけではありません（モデル定款22条）。
　これは、NPO法人における社員総会の最高機関性を尊重し、NPO法人の構成員である社員（正会員）がより積極的にNPO法人の運営に参加することができるよう配慮したものであり、また、社員（正会員）としても、社員総会を通じて、NPO法人の運営に積極的に関わっていくことが予定されていると考えられます。
　多くのNPO法人がモデル定款のような規定にしていますから、社員の側でも、このような定款の趣旨を踏まえて社員総会に参加する心構えが必要です。

1-2 社員総会の種類

Q 社員総会には、どのような種類のものがありますか。

A 社員総会には、通常総会と臨時総会とがあります。

【解　説】

◆通常総会と臨時総会に関する規定

　ＮＰＯ法は、総会に関する民法60条から66条までを準用しており（ＮＰＯ法30条）、民法60条が通常総会を、同61条が臨時総会を規定しています。

◆通常総会

　通常総会は、少なくとも年に１回は開催しなければなりません（ＮＰＯ法30条、民法60条）。開催時期について民法・ＮＰＯ法の制約はありません。もっとも、モデル定款のように、事業計画や収支予算、事業報告や収支決算を総会の議決事項としている（モデル定款22条）規定の定款を有するＮＰＯ法人では、これらの毎年決まって生じる事項を議決するために総会を開催しなければならず、自ずと開催時期が毎年同じような時期になるはずです。

◆臨時総会

　法人の理事は、必要ありと認めるときは、いつでも臨時総会を招集することができます（ＮＰＯ法30条、民法61条１項）。また、臨時総会は、理事だけではなく、社員の総数の５分の１以上の者が会議の目的事項を示して請求したとき（ＮＰＯ法30条・民法61条２項）や、監事が必要な報告を行うために招集するとき（ＮＰＯ法18条４号）も、臨時総会が開催されます。

　臨時総会は、「招集の時期が通常総会と異なるだけで、その他の点ではこれと何ら異なるところはなく、決議をなしうる事項も通常総会と全く同様」（藤原弘道『新版注釈民法（２）』400頁）です。

1—3 社員総会の権限

Q 社員総会には、どのような権限がありますか。

A 社員総会には、定款で理事その他の役員・機関に委任したもの以外の全ての事項についての決定を行う権限があります。

【解　説】
◆社員総会の権限を定める規定

　NPO法人の事務は、定款をもって理事その他の役員・機関に委任したもの以外の全てについて、社員総会の決議によって行うこととされています（NPO法30条、民法63条）。ここで「事務を行う」というのは、社員総会が「法人の事務を執行するということではなくて、事務執行についての内部的意思決定をすること」です（藤原弘道『新版注釈民法（2）』407頁）。対外的な業務執行である代表行為は、理事の権限であり（NPO法16条）、社員総会が行うのは、あくまでも内部的な意思決定です。

◆NPOの運営と権限配分

　定款によって社員総会以外の機関の権限と定められた事項は、その機関が権限を有し、社員総会は、何ら権限を有しないことになります。

　したがって、定款によって理事その他の役員・機関にどのような権限を配分するかは、NPOの運営のあり方に関わってくる重要な事柄だということができます。

　この点、モデル定款（モデル定款22条）は、社員総会に様々な権限を残した規定となっているということができます。例えば、モデル定款に従わずに、①事業計画及び収支予算並びにその変更は理事会の決議事項とする、②事業報告及び収支決算は、社員総会での決議事項とせず、社員総会への報告事項とする、③役員の選任又は解任は、理事会の選任した運営委員会の決議事項とする、④入会金及び会費の額は理事会の決議事項とする、⑤借入金そ

の他新たな義務の負担及び権利の放棄は理事会の決議事項とする、⑥事務局の組織及び運営は理事会の決議事項とする、といった理事会主導型の定款とすることも可能です。
　それぞれのＮＰＯ法人毎に、実状に見合った権限配分とすることが重要です。もっとも、どのような規定を定款に定めていても、定款変更は社員総会の専権事項であり（ＮＰＯ法25条1項)、理事の意向に関わらず、定款で理事に委任していた事項を社員総会議決事項に変更することは可能です。理事会主導の運営形態を未来永劫維持できるものではないことには留意が必要です。

1―4
社員総会の専権事項

Q 理事・その他の役員・機関に委任できず、社員総会でなければ決定できない事項には、どのような事項がありますか。

A 定款変更・合併・決議による解散については、社員総会でなければ決定できません。

【解 説】
◆社員総会固有の決議事項

　NPO法人の事務は、定款をもって理事その他の役員・機関に委任したもの以外の全てについて、総会の決議によって行うこととされています(NPO法30条、民法63条)。しかし、NPO法人の事務の全てについて、理事その他の役員・機関に委任する旨を定款で定めることができるかというと、そうではありません。

◆定款変更

　定款の変更は、定款の定めるところにより、社員総会の議決を経なければなりません（NPO法25条1項）。定款は、組織の根本規則であり、その変更は組織のメンバーにおおいにかかわることであるため、組織のメンバーで構成する社員総会の専権事項としたのであり、定款変更を理事会の議決事項とすることはできないし、他の機関の議決により定款変更を行うこともできません（雨宮孝子『NPO法コンメンタール』177頁）。
　同様の議論は、民法の社団法人の定款変更に関する規定(民法38条1項)でもなされており、やはり、定款変更は社員総会以外の機関等で行うことはできないという解釈が通説となっています。

◆合併

　NPO法人は、他のNPO法人と合併することができます（NPO法33

条)が、合併するには、社員総会の議決を経なければなりません(NPO法34条1項)。

この合併についての議決も、社員総会の専権事項であると考えられます(濱口博史『NPO法コンメンタール』227頁)。合併が組織に重大な影響を及ぼすためNPO法が敢えて社員総会決議事項であることを規定していることに鑑みれば、定款をもってしても、合併について他の機関の議決により決することができるとすることはできないものと考えられます。

◆解散
NPO法には、法人の解散事由が列挙してあり(NPO法31条1項)、社員総会の議決によってNPO法人を解散することができます。この場合の要件としては、定款に他に定めがなければ、総社員の4分の3以上の承諾が必要になります(NPO法40条・民法69条)。民法69条の議論の中では、解散は社団法人の存立に関する重要事項なので、社員総会の専権事項に属し、定款をもってしてもこの権限を総会から奪って他の機関に委ねることはできないと解されています（前掲、藤原435頁）。

解散がNPO法人にとって重要事項であることは社団法人と同様であり、また、NPO法が民法69条を準用するという構成を採っていることからすれば、NPO法人においても、解散は、社員総会の専権事項に属すると解すべきでしょう。

1—5
社員総会の省略

Q 社員総会の開催を省略することはできますか。

A 通常総会は、年に1回は必ず開催しなければならず、省略することはできません。

【解　説】
◆通常総会の必要性
　ＮＰＯ法は、30条で民法60条を準用しており、理事は、少なくとも年に1回は、社員の通常総会を開かなければなりません。
　社団法人の社員と同様、ＮＰＯ法人の社員も、平常はその業務執行を理事に一任しています。そのため、定期的に理事から業務執行状況の報告を受け、また監事から監査結果の報告を受けるとともに、重要事項について議決することによってＮＰＯ法人の意思を決定する機会を持つ必要があります（社団法人について、藤原弘道『新版注釈民法（2）』399頁）。そのため、ＮＰＯ法は民法60条を準用し、少なくとも年に1回は通常総会を開催しなければならないとしています。社団法人では、通常総会は、定款をもってしても、民法60条の趣旨に反する変更はできないと解されており（前掲、藤原399頁）、ＮＰＯ法人でも、同様に、通常総会は少なくとも年に1回は開催しなければならず、通常総会を開催しないという規定や、通常総会は2年に1度にするというするという規定を定款に定めることはできないと解されます。

◆モデル定款による社員総会の重要性
　モデル定款は、様々な事項を理事に委任することなく、総会の議決事項としています（モデル定款22条）。したがって、モデル定款のような規定を有するＮＰＯ法人では、通常総会が一層重要になっているということがいえるでしょう。

1−6
社員総会の持ち回り決議

Q 社員総会を、持ち回り決議で代替することは可能ですか。

A 社員総会は、「開催」しなければならず、持ち回り決議で代替することはできないと解されます。但し、書面表決制度が排除されていないNPO法人では、持ち回り決議と同様の効果を、書面表決制度を利用することによって実現することが可能です。

【解　説】
◆持ち回り決議
　いわゆる「持ち回り決議」というのは、会議体における決議方法の一つであり、会議体の構成員が一堂に会して討議・表決を行う代わりに、会議体の構成員の下を議案をもって順次回ってその賛否を問う決議方法です。社員総会をこのような「持ち回り決議」方式によって行ってよいのかどうかがここでの問題です。

◆有効説と無効説
　無効説は、社員総会は会議体であって、実際に会議を開き自由な討議の場が設定されてなければならないとして、持ち回り決議は総会の決議としては効力がないというものです（浅野晋『NPO法コンメンタール』211頁）。
　これに対し、有効説は、NPO法が準用している民法63条の中での議論ではありますが、民法63条は「総会の決議により」との規定はしているものの、その方式については規定していないこと、総会に出席しないで書面によって表決権を行使することが民法65条2項で認められていること（同条は、NPO法でも準用されています）等を挙げて、持ち回り決議を直ちに無効とまで解する必要はなく、全社員が決議につき書面で同意の意思を表示したときは、総会を開かなくても決議は有効であるというドイツ民法のような要件の下での持ち回り決議は社員総会の決議として有効であるというもので

す（藤原弘道『新版注釈民法（2）』408頁）。

　この有効説は説得的ではありますが、①ドイツ民法のような全社員の同意があれば総会を開催しなくてもよいという規定がない日本の民法で総会を開催しないことまで認めることができるかどうか疑問なしとすることはできず、②NPO法では、例えば定款変更における総会での議決には、社員総数の2分の1以上の出席という定足数が規定されており（NPO法25条2項）、少なくとも社員総会の「開催」は必要とされているとも考えられることなどからすれば、やはり、NPO法人では、社員総会は開催しなければならず、持ち回り決議で代替することはできないと解すべきでしょう。

◆書面表決制度

　書面表決制度（NPO法第30条・民法65条2項）を採用しているNPO法人では、極端な場合は、実際に社員総会に出席する社員が1名で、他は全員書面表決制度を利用している社員総会というのも想定できます。このような社員総会では、必ずしも自由な討論はなされませんが、有効に議決を行うことが可能です。そうだとすれば、無効説の立場をとったとしても持ち回り決議無効の理由を、社員総会が会議体であることだけに求めるのも妥当ではないでしょう。社員総会が会議体であることに加え、条文上、社員総会を「開く」とされていること（NPO法30条、民法60条）、社員の表決は社員総会に「出席」して行うのが原則であること（NPO法30条、民法65条2項）も、社員総会を開催しない持ち回り決議を無効とする理由とすべきと考えられます。

　もっとも、書面表決制度を採用しているNPO法人では、持ち回り決議そのものはできないとしても、順次社員のところへ行って書面による表決を行ってもらうことで、持ち回り決議と同様の効果を実現することは可能です。

1—7
社員総会の招集権限

Q 社員総会を招集する権限を有しているのは誰ですか。

A 法律上は、社員総会の招集は、原則として理事が行うとされ、例外的に、監事も社員総会を招集することができるとされています。もっとも、実際には、定款で社員総会の原則的な招集権者は理事長であると定めているＮＰＯ法人が多く、この場合は、理事長が招集することになります。

【解　説】
◆理事及び監事の招集権

　通常総会の招集権者について、法は、「法人の理事」を招集権者と定めています（ＮＰＯ法30条、民法60条）。また、臨時総会についても、法は、「法人の理事」は必要と認めるときはいつでも臨時総会を招集することができ（ＮＰＯ法30条、民法61条１項）、また、総社員の５分の１以上からの請求があるときは臨時総会を招集する必要があることを定めています。

　他方で、法は、監事にも、社員総会の招集権限を与えています（ＮＰＯ法18条４号）。これは、監事は、理事の不正行為や法令定款違反の重大事実を社員総会に報告する職務を負っているところ（ＮＰＯ法18条３号）、理事が通常社員総会を招集しなかった場合や、通常総会まで待つことなく早急に臨時総会を開催して報告する必要がある場合等に備えた規定です。ＮＰＯ法は、社員総会招集を原則として理事に委ねつつ、その機能不全を防止する観点から、監事にも社員総会招集権限を与えています。

◆モデル定款

　法は、理事各人に社員総会の招集権限を与えていますが、モデル定款では、社員総会の招集は、監事が招集する場合以外は、「理事長」が招集すると規定しています（モデル定款24条１項）。社員総会の招集は、定款に定

めた方法で行うことができますし（NPO法30条、民法62条）、招集権者を理事長に限定することを禁ずる規定はないので、このような規定を定款に定めることは問題ありません。

　このような規定に従えば、社員総会は、理事長の単独で招集することができるということになりそうです。しかし、モデル定款によれば、総会における議決事項は、招集通知によって予め社員に通知した事項に限定されるうえ（モデル定款27条1項）、社員総会に付議すべき事項は理事会の議決事項ですから（モデル定款31条1号）、現実には、各理事が関与することなく理事長の独断で正式な社員総会を招集することはできず、適正な手続を経ない社員総会の招集は防ぐことができるようになっています。

1―8
社員からの総会招集請求

Q 社員のイニシアチブで、社員総会を開催してもらうためには、どのような方法がありますか。

A 社員には、理事に対し、「総社員の5分の1以上」等定款で定める割合以上の者で、議会の目的を示して社員総会の招集を働きかけるという方法があります。

【解　説】
◆少数社員権の尊重
　法は、臨時総会開催の場合として、理事が必要と認めるとき（NPO法30条、民法61条1項）と監事が招集する場合（NPO法18条4号）以外に、「総社員の5分の1以上」の社員による請求があった場合を挙げています（NPO法30条、民法61条2項）。
　これは、理事が臨時総会招集の必要を認めない場合でも、また、監事が臨時総会の招集を行わない場合でも、少数の社員だけで社員総会招集を請求することを認めたものであり、少数社員権の保護を図る規定です。
　ここで法が、社員一人一人に社員総会招集請求権を認めず、「総社員の5分の1以上」という数的な要件を設けたのは、各社員に招集請求権を認めると濫用されるおそれがある一方で、社員がこれに従わなければならないとすると、法人、ひいては社員の利益が不当に害されることにもなるので、「総社員の5分の1以上」からの請求があれば理事は社員総会を招集しなければならないとして、法人ひいては社員の利益と、社員総会招集を求める少数社員の利益とのバランスをとったものです（同旨、藤原弘道『新版注釈民法(2)』401頁）。
　少数社員による総会招集請求に必要な「総社員の5分の1」という定数は、定款で増減変更することができます（NPO法30条、民法61条2項但書）。しかし、少数社員の総会招集請求権そのものを奪い、又はこれを

奪うのに等しい程度に定数を増加することは許されないと解されます（前掲、藤原401頁）。例えば、社員総会を招集するためには総社員の過半数請求が必要だとすると、少数社員のイニシアチブで総会招集請求を行うことは不可能ということになりますから、このような定款の規定は違法になると考えられます。

◆請求を受けた招集権者

社員総会招集の請求は、招集権を有している者に対して、「会議の目的たる事項」、即ち議題を示して行うことになります（ＮＰＯ法30条、民法61条2項）。総社員の5分の1以上の社員が自ら社員総会を招集することができるわけではありません。

請求を受けた招集権者は、数的要件をクリアしているのであれば、社員総会を招集する義務を負うことになります。

◆モデル定款の規定

モデル定款に準じた定款を有するＮＰＯ法人では、「正会員総数の5分の1以上」から「会議の目的を」「記載した書面により」総会招集請求がある場合には、臨時総会を開催することになります（モデル定款23条2項2号）。また、このようなＮＰＯ法人の社員総会の招集権者は理事長ですから（モデル定款24条1項）、総会招集を請求する社員は、理事長に対して総会招集請求の書面を提出することになります。

1—9
理事及び監事の選任

Q 理事及び監事の選任は、社員総会で行わなければなりませんか。

A 法律上、理事及び監事の選任は、社員総会で行わなければならないわけではありません。しかし、定款で理事及び監事の選任を社員総会に委ねている場合には、社員総会で理事及び監事を選任しなければならないことになります。

【解　説】
◆理事の地位

　ＮＰＯ法は、ＮＰＯ法人を管理する必須の機関として、ＮＰＯ法人には理事を３名以上置かなければならない旨を規定しています（ＮＰＯ法15条）。理事は、定款で特に制限を加えない限り、各々がＮＰＯ法人を代表すると規定され（ＮＰＯ法16条）、対外的な業務についての代表権を有しています。また、自然人のような肉体を持っていないＮＰＯ法人においては、その業務執行を理事が行うことになります。さらに、ＮＰＯ法人の最高意志決定機関たる社員総会は、法律で定められた専権事項以外の意思決定を理事に委ねることが可能であり（ＮＰＯ法30条、民法63条）、理事は、これらの意思決定をも行う機関です。

◆理事の選任

　このように、理事は、ＮＰＯ法人において重要な地位を占めていますが、その選任方法についてはＮＰＯ法も民法も何ら規定していません。

　これは、株式会社では、取締役の選任が株主総会の決議事項として法律上明記されている（商法254条１項）のと比べ、両者で著しく異なっている点の一つです。

　したがって、法律上は、ＮＰＯ法人の理事の選任は、必ずしも社員総会で議決しなければならないということにはなっていません。ＮＰＯ法人毎にそ

の事情に応じて、例えば、NPO法人の機関として「理事選任委員会」というものを作り、この「理事選任委員会」で理事の選任・解任を審議するということにしても、全く問題はありません。

　もちろん、このような体制では、NPO法人が一部の者達で勝手に運営されるという事態が発生しないとも限りません。しかし、社員としては、社員総会の招集請求権を有していますし、最終的には、定款変更という形で役員の選任方法を変更させることも可能です。また、株式会社では、一部株主で株式の多数を握って議事をほしいままにし、ひいては経営を意のままにすることが可能であるのに対し、NPO法人では、持分や株式数という概念はなく、社員総会における議決権は各社員毎に平等というのが原則であって（NPO法30条、民法65条1項）、社員頭数に応じて表決がなされ、しかも社員の入退会に不当な条件を付してはいけないので（NPO法2条2項1号イ）、一部の者が多数派を形成してほしいままにNPO法人の業務運営を続けるということができない仕組みになっています。このような観点からは、法が理事の選任方法をNPO法人それぞれの内部の判断に委ねたことは妥当であると考えられます。

◆モデル定款

　モデル定款では、理事の選任・解任は社員総会の議決事項にしています（モデル定款22条5号）。したがって、モデル定款に準じた定款規定を有しているNPO法人では、理事の選任・解任は、理事会で付議事項を議決した上で、社員総会の議決に図らなければならないことになります。

◆監事の地位

　NPO法は、NPO法人を管理する必須の機関として、NPO法人には監事を1名以上置かなければならない旨を規定しています（NPO法15条）。民法上の社団法人においては、監事は「置くことができる」として（民法58条）、任意設置制の機関なのに対し、NPO法人における監事は、必須の機関となっています。監事は、理事の業務執行の状況を監査し、NPO法人の財産の状況を監査する等して、業務や財産に不正行為や法令定款違反の重

大事実を発見した場合に社員総会に報告し、必要な場合には社員総会を招集する等の職務権限を有しています（ＮＰＯ法18条）。

◆監事の選任
　このように、監事は、理事と並んで、ＮＰＯ法人において重要な地位を占めていますが、その選任方法についてはＮＰＯ法も民法も何ら規定していません。
　したがって、法律上は、ＮＰＯ法人の監事の選任は、必ずしも社員総会で議決しなければならないということにはなっていません。ＮＰＯ法人毎にその事情に応じて、監査役の選任・解任方法を定めれば良いわけです。
　もっとも、監査という業務が理事の業務執行をも監査するものであることに鑑みれば、理事に監事の選任権限を与えるのではなく、社員総会のような、理事とは異なった機関に選任権限を与えるのが望ましいと考えられます。

◆モデル定款
　モデル定款では、監事の選任・解任は社員総会の議決事項にしています（モデル定款22条5号）。したがって、モデル定款に準じた定款を有しているＮＰＯ法人では、監事の選任・解任は、理事会で付議事項を議決した上で、社員総会の議決に図らなければならないことになります。

1—10
Web上での社員総会

Q 定款で定めれば、社員総会をWeb上で行うことは可能でしょうか。

A NPO法上開催が要求されている社員総会をWeb上で行うことはできません。もっとも、情報を広く公開する見地から、社員総会をWeb上で中継したり、社員総会議事録をWeb上に公表することは、法律上何ら制限はありませんから、それぞれのNPO法人の判断で行うことが可能です。

【解　説】
◆通常総会の開催
　NPO法は、30条で民法60条を準用しており、理事は、少なくとも年に1回は、社員の通常総会を開かなければならないとされています。
　この規定の趣旨は、NPO法人の社員が、NPO法人の意思決定に参画し、理事らの業務運営をコントロールできるようにして、NPO法人の適正な運営を確保することにあります。即ち、社団法人の社員と同様、NPO法人の社員も、平常はその業務執行を理事に一任しているため、定期的に理事から業務執行状況の報告を受け、また監事から監査結果の報告を受けるとともに、重要事項について議決することによってNPO法人の意思を決定する機会を持つ必要があります（社団法人について、藤原弘道『新版注釈民法(2)』399頁）。そこで、NPO法は民法60条を準用し、少なくとも年に1回は通常総会を開催しなければならないとしています。

◆Web上での社員総会
　社員総会の実施には、様々なコストが掛かり、社員総会のための会場確保も、NPO法人の社員の規模と財政規模との関係によっては、大きな支出項目となって、NPO法人の収支予算を圧迫することは考えられます。この点、社員総会をWeb上で開催することができれば、コストの削減が可能と

なりNPO法人にとってはメリットがありますし、遠隔地に住んでいる社員も、Web上で社員総会に参加することが可能になるなど、メリットが少なくありません。IT化を進めてコストの削減と社員の社員総会への参加を拡大することは、NPO法人の運営にも必要な視点であるということができます。

しかし、問題は、現行のNPO法及びNPO法が準用している民法で、Web上での社員総会を可能とするような解釈を採ることが可能かということです。

社団法人等に関する民法60条の解釈としては、社員総会は、定款をもってしても、少なくとも年に1回は社員総会を開催しなければならないとされています。これは、社団法人においては、社員が社団の最終的な意思決定権者であり、最終的には社員総会での質疑応答・討論と議決を通じて、理事達をコントロールし、社団法人の方針を決定するという組織上の構造を確保するための規定です。これは、民法60条を準用しているNPO法でも同様です。

Web上での社員総会を考えた場合、質疑応答・討議に制約が加わることは否定できません。「会議」はその場で様々なやりとりを行い、その全体を通じて意思形成を行い、議決に至るのですから、「Web上での社員総会」は、通常の「会議」とは大きくことなるというべきでしょう。その意味では、Web上の社員総会は、NPO法が準用する民法60条の趣旨には合致しないものというべきです。もちろん、法律改正等で、現実に社員総会を行う意義と、社員総会のIT化によるメリットを比較考慮の上選択的に社員総会を開催することが認められるようになれば別ですが、現行のNPO法・民法の下では、現実に社員総会を開催しなければならないのであって、Web上で社員総会を開催することとして、法律で求められている社員総会に代替させることはできないというべきでしょう。

もちろん、法律上要求されている社員総会を現実に年に1回以上開催するのであれば、Web上で社員との間の意見交換の場を設けること、社員総会をWeb上に中継すること、さらには社員総会議事録をWeb上に公表することも、問題ありませんし、むしろ望ましいともいえます。

1—11
社員総会以外の会議体

Q 社員総会とは別に社員から選任された代議員会という機関を設け、代議員会で種々の決定を行うような定款にすることは問題ありませんか。

A 定款によって、社員総会とは別に社員から選任された代議員会という機関を設け、代議員会で種々の決定を行うように定めることは何ら問題ありません。しかし、社員総会での専決事項については、社員総会しか議決権を行使できませんし、社員総会を少なくとも年に1回は開催しなければなりません。

【解　説】
◆会議に関する規定

　NPO法は、30条で民法60条から66条を準用しており、NPO法人に必須の機関として社員総会を設けなければならないことを規定しています。

　もっとも、NPO法は、NPO法人の意思決定機関を社員総会に限定しているわけではありません。

　NPO法30条が準用する民法63条は、「法人の事務は定款を以て理事其他の役員に委任したるものを除く外総て総会の決議に依りて之を行う」と規定し、ここでの「理事其他の役員」というのは、必ずしも理事等の役員に限定されず、社員総会以外の機関であると解釈されていますから、社員総会以外に、意思決定権限を有する機関もありうることが前提とされています。NPO法は民法63条を準用していますから、やはり、社員総会以外の意思決定機関を設けることは可能です。

　この点、NPO法11条1項7号は、会議に関することを定款規定事項と定めていますから、社員総会以外に意思決定機関を設ける場合には、定款に規定することで、有効な意思決定機関を設けることが可能になります。

◆理事会と代議員会

　NPO法人では、社員総会以外の意思決定機関として、理事会を設けるところがほとんどであり、モデル定款でも理事会の規定を置いています（モデル定款20条1項）。しかし、理事会以外にも定款で会議を定めることは可能であり、社団法人で見られるように、社員の中から代議員を定め、代議員による意思決定機関を代議員会のような形で定款で定めれば、そのような会議体も有効な機関と位置付けることが可能です。また、法律上の理事・監事以外に諮問機関としての参与等を組織に位置付けることも可能です。

◆権限配分と開催頻度

　社員総会以外にどのような名称の意思決定機関を設けるか、又は設けないかは、各NPO法人の判断に任されています。その上で、新たな意思決定機関を設けた場合に、どの機関にどのような決定権限を付与するのか、それぞれの機関をどのような頻度で開催するのか、会議の開催にあたって、どのように招集手続きを行うのか、といった内容についても、基本的には、NPO法人の判断に任されており、定款に記載することでそれぞれの内容を定めることが可能です。

　しかし、次の2点については、留意が必要です。

　第1に、法律上、社員総会しか議決できない事項、即ち社員総会の専権事項があるので、それらの意思決定権限については、代議員会その他の機関に委ねることはできません。具体的には、定款の変更（NPO法25条1項）、解散の決議（NPO法31条1項1号）及び合併の決議（NPO法34条1項)は、社員総会の専権事項であり、定款で定めても、代議員会等の機関に委ねることはできません。

　第2に、社員総会とは別に代議員会を設け、代議員会を活発に開催したとしても、社員総会は年に1回は開催することが義務付けられていますから（NPO法30条が準用する民法60条）、代議員会を開催していることを理由に社員総会を開催しないことは、違法になります。

　以上の2点に留意しつつ、NPO法人毎に、それぞれの活動に応じて機関を設け、権限を配分し、円滑に組織運営を行うことが必要です。

1—12
社員の表決権

Q 社員総会における表決権は、1人1票ですか。

A 定款によって特に定めを設けない限り、社員総会における各社員の表決権は平等であって、1人1票です。もっとも、法律上は、定款によって表決権に差違を設けることも可能ですが、このような差違を設けることに合理性がある場合に限定されるでしょうし、通常は、その必要性もないものと考えられます。

【解　説】
◆表決権

　社員総会は、社員が自らの意思をＮＰＯ法人の運営に反映させ、ＮＰＯ法人としての意思決定を行う機関ですから、社員総会における表決権は、社員にとって重要な権利です。

　ＮＰＯ法が準用している民法では、社団法人と社員との法律関係について種々の議論がなされており、社員たる地位は、「社員と社団との間の諸関係を全体として包む包括的な法律関係であり」、「この包括的法律関係を一般に『社員権』と呼んで」います（藤原弘道『新版注釈民法（２）』417頁）。このような社員権の中でも、社員の表決権は、社員が社員総会において決議に加わる権利であり、最も重要な権利であると解されています（前掲、藤原420頁）。

　ＮＰＯ法人においても、社員の表決権が、社員の最も重要な権利であることには変わりありません。

◆全社員平等待遇の原則

　各社員の表決権は、定款に特別の定めがない限りは、平等です（ＮＰＯ法30条、民法65条１項）。即ち、ＮＰＯ法人の社員総会では、原則として社員１人が１票を有しており、社員の数と表決権の数が一致しています。採決

において多数かどうかの判断は、社員の頭数で決められます。株式会社においては、株主総会での議決権の数は、株主の数ではなく、株式1株毎に1議決権と定められていますから、採決において多数かどうかの判断は、株式の数で決められて、株主の数は関係ありませんから、両者の制度は全く異なっています。

　NPO法人の議決権は、社団法人と同様、社員平等が原則となっており、このような取り扱いを全社員平等待遇の原則といいます。

◆定款による別段の定め

　もっとも、社員の表決権の平等性は、定款に別段の定めをすれば、その規定が優先的に適用されることになりますので、必ずしも、常に平等でなければならないわけではありません（NPO法30条、民法65条3項）。

　したがって、例えば定款によって「優先的表決権」を有する社員を定め、当該社員は1人あたり2票の表決権を有すると規定することも可能です。

　法は、表決権における平等性を定款で変更することは可能としていますが、ある社員について表決権を剥奪するようなことは、定款によっても不可能であると考えられます（前掲、藤原421頁）。NPO法人の社員総会における表決権の重要性に鑑みれば、当然であるといえるでしょう。

　では、定款に規定しさえすれば、社員の表決権の票数は、どのようにでも定めうるのかというと、そうではなく、自ずと限界があると考えられます。そもそも、社員については、全社員平等原則がありますから、この平等原則に著しく反するような規定は許されないというべきでしょう。

　また、全社員平等原則に反しない限度であれば、社員の表決権を社員毎に異なるとする規定を定款で規定することは可能ですが、その差違を設けることについての合理的な根拠がある場合に限り、そのような規定を設けるというのが、公益目的を有するNPO法人を運営する理事ら役員のあり方でしょう。通常は、特に一部の社員に優先的表決権を与える必要性はないと考えられますから、優先的表決権を設けるのであれば、その意味についてしっかりと内部で議論をしておくべきでしょう。

1—13
社員総会開催の場所

Q 社員総会は、主たる事務所で開催しなければいけないのでしょうか。

A 社員総会の開催場所については、法律上何ら定められていません。したがって、定款で特に規定を設けていないのであれば、社員総会の開催場所については、NPO法人でその都度任意に決めることができます。

【解　説】
◆主たる事務所と社員総会開催場所との関係

　NPO法は、主たる事務所の所在地をもってNPO法人の住所と定めています（NPO法6条）。NPO法人の住所は定款記載事項（NPO法11条1項4号）であり、この住所によって裁判管轄が定まり、また、当該NPO法人を監督する所轄庁が定まります（NPO法10条1項）。

　しかし、NPO法人の住所地や主たる事務所の所在地と、NPO法人の社員総会の開催場所との関係については、NPO法は何ら規定を置いていません。

　これは、商法が株式会社の株主総会の開催場所について「本店の所在地又はこれに隣接する地」において開催すべきことを原則としている（商法233条）のとは、大きく異なっています。

　したがって、NPO法人では、社員総会の開催場所について、主たる事務所はもちろんのこと、主たる事務所の所在地の行政区域及びその隣接行政区域としなければならないということはありません。定款に何らかの定めを置いていればその規定に従わなければなりませんが、そうでなければ、社員総会の開催場所は、その都度、NPO法人で任意に決めることができます。

◆無制限ではないことに注意

もっとも、法律や定款に特別の規定がないからといって、社員総会の開催場所が無制限であるということを意味するものではないことには留意が必要です。

　社員総会がＮＰＯ法人における最高の意思決定機関であることからすれば、社員の出席が可能な社員総会を開催することが開催場所を選定する上での当然の前提となります。

　したがって、社員の出席を阻止する目的で、社員の出席が困難になるような場所を敢えて社員総会の開催場所とするようなことは許されないのであって、このような場合には、招集手続に著しい瑕疵があるものと判断される可能性があります。社員を収容できない建物内を社員総会会場とすることも同様です（民法上の社団法人について、藤原弘道『新版注釈民法（２）』404頁は同旨）。

　実務上の扱いとしては、主たる事務所の所在地の行政区域及びその隣接行政区域内で社員総会を開催するようにして、無用な紛争を避けることが求められます。

第2章　社員総会事務日程の策定

- 2－1　事務日程の概要
- 2－2　通常社員総会の開催時期
- 2－3　総会出席社員の確定
- 2－4　事業報告書の作成
- 2－5　財産目録等の作成
- 2－6　事業報告書等の社員総会への付議手順
- 2－7　監事の監査報告
- 2－8　決算理事会
- 2－9　理事会の議決を経ない社員総会
- 2－10　総会準備の日程例

2-1
事務日程の概要

Q 通常社員総会事務日程の大まかな流れを教えてください。

A 通常社員総会を開催するために押さえておくべき日程は、概ね次のとおりであり、これらの日程を念頭に置きながら、通常社員総会の事務日程を策定する必要があります。

　　決算期
　　事業報告書・収支決算書承諾のための理事会
　　監事からの監査報告の受領
　　定時社員総会招集のための理事会
　　招集通知の発送
　　委任状の集計

【解　説】
◆事務日程作成の基本方針

　NPOにおける社員総会は、定款をもって理事その他の役員に委任したものを除き、すべての事項を決定する権限を有しています（民法63条）。しかも、実際のNPO法人の定款では、各種モデル定款例等の影響もあって、総会の権限と明示されている事項は多岐にわたり、社員総会は、正にNPO法人における最高の意思決定機関としての地位を有しています。

　通常社員総会は、少なくとも年1回は開催しなければなりません（民法60条）。開催時期については、NPO法にも民法にも特別の定めはありません。したがって、必ずしも定まった時期に開催しなければならないということにはなりません。

　しかし、多くのNPO法人は、モデル定款に準じた定款を作成しています。これらのモデル定款では、事業報告書、財産目録、貸借対照表及び収支計算書等決算に関する書類を総会での議決事項としています（モデル定款48条）。ところで、これらの書類は、年に1回、所轄庁に提出することが義

務付けられています（ＮＰＯ法29条1項）。そうだとすれば、これらのモデル定款に準じた定款規定を有するＮＰＯ法人では、後述のように、事業報告書等の承認を議決するために、概ね定まった時期に、総会を開催することが必要になります。

　通常社員総会は、理事や監事が密接に関係してきますし、印刷物等の作成が必要になり、関係者が複数にわたり、慎重な配慮が必要になります。

　このように関係先が多い通常総会を円滑に遂行するためには、事務日程を作成し、これに基づき着実に遂行していくことが重要になります。また、毎年行わなければならない事項をマニュアル化しておくと、円滑な総会準備が可能になります。

◆決算期

　ＮＰＯ法人毎に、事業年度が決まっているはずであり、その事業年度の末日が決算期になります。事業報告書、財産目録、貸借対照表及び収支計算書等決算に関する書類は、事業年度に応じて作成します。

◆事業報告書等承認のための理事会

　モデル定款に準じた規定の定款を有するＮＰＯ法人では、事業報告書、財産目録、貸借対照表及び収支計算書等決算に関する書類等は理事長が作成し、監事の監査を受けて総会の議決を受けなければなりません（モデル定款48条）。したがって、監事に事業報告書等を提出する前に、これらの書類ができあがっている必要があります。事業報告書等は、最終的には社員総会に付議する重要な書類ですから、本来的には、理事が承認したものを理事長が監事に提出するとするという扱いをすべきであろうと考えられます。そのような観点からは、事業報告書等について理事の立場で承認するための理事会を開催すべきと考えられます。もっとも、株主総会では決算書類等は取締役会の承認が必要なのに対し（商法281条1項）、ＮＰＯ法では事業報告書等について理事会での承認を義務付けていない上、モデル定款でも義務付けていません。このように、事業報告書等に関する理事の承認は法定の義務ではないので、この段階では理事会を開かないという扱いをしても、違法ではありません。

◆監事からの監査報告の受領

　監事の監査の方法については民法・NPO法に何ら規定がなく、また報告の方法についても、法令・定款違反等の事実を発見した場合に社員総会で報告すること等は規定されていますが（NPO法18条3号）、書面の作成が必要かどうかといったことについては規定がありません。
　モデル定款でも、事業報告書等の監事による監査を受けなければならないことは規定していますが、監査の方法までは規定していません。
　したがって、モデル定款に準じた定款規定を有するNPO法人では、監査の方法は監事の職責においてそれぞれのNPO法人で適宜行うということになります。しかし、監査がなされたことを明確にするために、理事（理事長）としては、監事から、書面によって監査報告書を受け取っておくことが望ましいと考えられます。

◆通常社員総会開催のための理事会（決算理事会）

　事業報告書、財産目録、貸借対照表及び収支計算書等決算に関する書類等の承認に関する件は、通常社員総会で行わなければならない議決事項ですが、通常社員総会で行うべき議決事項はそれだけにとどまりません。
　定款変更や、役員の選任（再任を含む）が議題になることもありますし、モデル定款のような規定によって事業計画や収支予算を総会の決議事項としている（モデル定款47条）NPO法人は、事業計画や収支予算も総会の議題にしなければなりません。
　いわゆる決算理事会では、監事からの監査報告書の提出を受けた後に、通常社員総会に付議すべき事項を定め、総会の日時・場所等を付議し、決定することになります。

◆招集通知の発送

　決算理事会で通常社員総会の開催について決まった後に、通常社員総会のための招集通知を社員に発送することになります。招集通知は、総会日から定款で定めた期間前に発送しなければなりません。

2-2
通常社員総会の開催時期

Q 通常社員総会は、いつ開催すべきでしょうか。

A 定款で事業報告書や収支決算等を総会の議決事項としているNPO法人は、原則として、事業年度終了後2カ月以内に通常社員総会を開催しなければなりません。

【解　説】
◆法律の規定
　NPO法が準用する民法は、通常社員総会を年に1回は開催しなければならない旨を規定していますが（民法60条）、通常総会を開催すべき時期については、NPO法にも民法にも特別の規定はありません。したがって、これだけであれば、通常総会は、年に1回開催しさえすれば、開催すべき時期を必ずしも一定の定まった時期に定めておく必要はないようにも考えられます。もちろん、定款に、通常総会を開催する時期について定めてある場合には、その規定に従って、定められた時期に通常総会を開催しなければならないことになります。

◆事業報告書等の承認との関係
　この点、モデル定款に準じた規定の定款によって、事業報告書等の決算書類の承認を社員総会の議決事項にしている場合（モデル定款48条1項）には、その規定と所轄庁への書類提出義務との関係で、通常総会を開催する時期が自ずと一定の時期に定まることになります。
　そもそも、事業報告書等の決算書類については、NPO法29条1項によって、毎年1回所轄庁に提出することが義務付けられており、内閣府令では、事業年度始めの3カ月以内に提出することとされています（東京都の特定非営利活動促進法施行条例でも、事業年度始めの3カ月以内に提出することとされています）。ここで所轄庁に提出すべき事業報告書等の決算書類等

は、当然、ＮＰＯ法人として対外的に閲覧に供すことを承認したものである必要があります。３カ月以内に所轄庁に提出すべき事業報告書等が社員総会での議決にかけられるべき事項であるのなら、それまでに社員総会を開催して議決をしなければならないということになります。

　さらに、ＮＰＯ法人の「資産の総額」は登記事項であり（組合等登記令２条、別表１）、その変更登記は、事業年度終了後２カ月以内にすることとされています（組合等登記令６条３項）。資産の総額は、毎年変動するものですから、その変更登記が必要になるところ、モデル定款に準ずる規定の定款を有するＮＰＯ法人では、財産目録に関する書類は総会での議決を必要としますから（モデル定款48条１項）、結局、このようなＮＰＯ法人では、事業年度終了後２カ月以内に社員総会を開催しなければならないことになります。

　また、ＮＰＯ法人の決算申告は、事業年度終了後２カ月以内に行うのが原則であり（法人税法74条）、この観点からも、決算に係る承認が総会の議決事項になっているモデル定款に準じた定款規定を有しているＮＰＯ法人は、社員総会を事業年度終了後２カ月以内に行わなければならないことになります。もっとも、決算申告は延期の申請が可能であり（同法75条の２）、この場合は、事業年度終了後３カ月以内に申告すれば足りることになっています。したがって、資産の総額に変動がないのであれば、所轄官庁への書類提出期限と、延期した決算申告の時期との関係から、事業年度終了後３カ月以内に社員総会を開催することも可能になります。

◆日曜日や国民の祝日その他の休日での開催
　社員総会の開催日にも、法律上特別の定めはありません。日曜日や国民の祝日その他の休日に社員総会を開催しても、それが社員の議決権行使を困難にする特段の事情がない限り、問題ありません。むしろ、より多くの社員が社員総会に出席することを可能とするために、休日に社員総会を開催するということも選択肢として考慮に値するというべきでしょう。

2—3
総会出席社員の確定

Q 社員総会に出席できる社員の確定は、どのように行いますか。

A 社員総会に出席できる社員の範囲は定款によって定められていますから、定款の規定に従って、社員名簿等で社員総会日現在の社員を確定することになります。

【解　説】
◆社員総会に出席できる社員の範囲
　「会議に関する事項」は、定款で規定しなければならない事項であり（ＮＰＯ法11条1項7号）、ＮＰＯ法人の定款では、社員総会に出席できる社員の範囲を規定しているのが通常です。また、複数の種類の会員がいるＮＰＯ法人では、法律上の「社員」とされる者の範囲と、社員総会への出席関係を定款で明確にしているはずです。
　モデル定款でも、「本法人の会員は次の〇種とし、正会員をもって特定非営利活動促進法上の社員とする」とし、さらに、「総会は、正会員をもって構成する」として、社員総会に出席できる社員の範囲を明確にしています（モデル定款6条及び21条）。

◆何時の時点の社員が社員総会に出席できるのか。
　社員総会で事業報告書等の決算書類等の承認を議決するとしても、決算期から通常総会までは約2カ月の期間があることになります。この間に、社員総会に出席する権利を有している社員の変動があった場合、その変動が社員総会への出席にどのように影響するかが問題になります。
　結論的には、社員総会開催日現在における、定款によって社員総会に出席するとされている社員が、当該社員総会に出席する権利を有することになります。決算期以後に社員となった者であっても、本人が入会する前の事業年度の事業報告書等を表決する権利を有し、他方、社員総会前に退会した社員

は、退会後の社員総会に出席することができず、本人が所属していた事業年度の事業報告書等についての表決することはできません。

◆株式会社の場合との比較
　株式会社の場合には、定時株主総会において営利法人として株主への配当等の利益処分を行うことになるため、決算期の株主が定時株主総会での株主と一致していることが望まれます。そこで、商法は、決算期から３カ月以内の株主名簿の閉鎖を認め、この期間は株主名簿の書き換えを行わないようにしてこの間に定時株主総会を開催した場合には、決算期の株主が定時株主総会での議決権を有する株主として固定するようにしたり、また、決算期を基準日として基準日から３カ月以内に株主総会を開催する場合には基準日時点での株主を当該株主総会での出席株主とすることを認めて決算期の株主が定時株主総会での議決権を有する株主になるように固定するなどの制度を設けています（商法224条の３）。
　ＮＰＯ法にはこのような制度の規定はないため、社員総会開催日現在の社員は、すべて社員総会に出席できることになりますし、そのような取り扱いが必要になります。

◆実務上の取り扱い
　もっとも、現実問題としては、例えば、社員総会の３日前に入会届けを提出してきた人も社員として社員総会に出席させなければならないというような扱いをすることは、事務手続きを著しく煩瑣にしますし、総会招集通知の発送期間の規定に従った処理を行うことも困難です。
　したがって、例えば総会招集通知を社員に発送して出席社員が確定した後は、社員総会開催事務を最優先することとし、入会事務を社員総会終了後に行うという取り扱いとすることも、ＮＰＯ法人の円滑な事務の遂行という観点からは、十分に合理性があるものと考えられます。
　このようにするのであれば、社員総会開催日現在の社員がすべて社員総会に出席する権利があるということになっても、社員総会の開催には支障がないと考えられます。

2—4
事業報告書の作成

Q 事業報告書は、誰が作成するのですか。

A 事業報告書は、法律上は、ＮＰＯ法人が作成することと規定されています。実務的には、理事長等の理事の最高責任者が作成すると定款に定められているのが通常です。

【解　説】

◆事業報告書の作成者に関する法律上の規定

　事業報告書に関して、ＮＰＯ法は、事業報告書を「ＮＰＯ法人」が作成するものとし、これを主たる事務所に備え置くことを義務付けています（ＮＰＯ法28条1項）。即ち、法は、「ＮＰＯ法人」に対して事業報告書の作成を義務付けています。しかし、ＮＰＯ法人そのものが事業報告書を作成するという作業を現実にできるわけではありません。業務執行に関して具体的な行為を行うのは自然人であり、ＮＰＯ法人の場合には、業務執行を行う理事が事業報告書を作成することになります。

◆定款の定め

　ＮＰＯ法の規定では、理事はそれぞれ法人を代表する旨が定められていますが（ＮＰＯ法16条）、定款で代表権を制限することも可能であるため、モデル定款では、ＮＰＯ法人の代表権を有する理事を制限し（例えば理事長が代表権を有すると定める）、他方で、事業報告書を作成する権限を有し、また義務を負う理事を当該理事長に限定するなどの規定を置いています（モデル定款15条1項、48条1項）。

　このような定款の規定に従えば、事業報告書の作成は、理事長が行うことになります。

◆事業報告書作成のための具体的な進行

もっとも、定款で理事長が事業報告書の作成を行う旨規定されているからといって、実際に理事長が作業を行わなければならないということではありません。定款の規定は、あくまでも、事業報告書の作成責任者が理事長になるという趣旨であって、事務局スタッフが作成し、それを理事長の責任において理事会等に付議すれば何ら問題ありません。
　事業報告書は、当該ＮＰＯ法人の１年の成果を公表するものですから、編集会議を行うなどスタッフや担当理事・理事長で内容を十分に吟味し、作成することが望まれるといえるでしょう。

2—5
財産目録等の作成

Q 財産目録、貸借対照表及び収支計算書は、誰が作成するのですか。

A 財産目録、貸借対照表及び収支計算書は、法律上は、ＮＰＯ法人が作成することと規定されています。実務的には、理事長等の理事の最高責任者が作成すると定款に定められているのが通常です。

【解　説】

◆財産目録、貸借対照表及び収支計算書の作成者に関する法律上の規定

　財産目録、貸借対照表及び収支計算書に関して、ＮＰＯ法は、財産目録、貸借対照表及び収支計算書等を「ＮＰＯ法人」が作成するものとし、これらを主たる事務所に備え置くことを義務付けています（ＮＰＯ法28条1項）。即ち、法は、ＮＰＯ法人に対して、事業報告書と同様、財産目録、貸借対照表及び収支計算書の作成を義務付けています。しかし、ＮＰＯ法人そのものが財産目録、貸借対照表及び収支計算書を作成するという作業を現実にできるわけではないということは、事業報告書の場合と同様です。業務執行に関して具体的な行為を行うのは自然人であり、ＮＰＯ法人の場合には、業務執行を行う理事が財産目録、貸借対照表及び収支計算書を作成することになります。

◆定款の定め

　事業報告書の作成の箇所で述べたとおり、ＮＰＯ法の規定では、理事はそれぞれ法人を代表する旨が定められていますが（ＮＰＯ法16条）、定款で代表権を制限することも可能であるため、モデル定款では、ＮＰＯ法人の代表権を有する理事を制限し（例えば理事長が代表権を有すると定める）、他方で、財産目録、貸借対照表及び収支計算書を作成する権限を有し、また義務を負う理事を当該理事長に限定するなどの規定を置いています（モデル定款15条1項、48条1項）。

このような定款の規定に従えば、財産目録、貸借対照表及び収支計算書の作成は、理事長が行うことになります。

◆財産目録、貸借対照表及び収支計算書作成のための具体的な進行
　もっとも、定款で理事長が財産目録、貸借対照表及び収支計算書の作成を行う旨規定されているからといって、実際に理事長が作業を行わなければならないということではないのも、事業報告書の作成の場合と同様です。定款の規定は、あくまでも、財産目録、貸借対照表及び収支計算書の作成責任者が理事長になるという趣旨であって、事務局スタッフが作成し、それを理事長の責任において理事会等に付議すれば何ら問題ありません。
　財産目録、貸借対照表及び収支計算書は、日常の会計業務の集大成であり、専門性も強く要求されるものです。会計担当者や税理士・会計士等の外部スタッフの協力も得て、正確な決算書類を作成することが必要になります。

2-6
事業報告書等の社員総会への付議手順

Q 事業報告書、財産目録、貸借対照表及び収支計算書等決算が作成されれば、直ちに社員総会に付議することにしてよいですか。

A 定款の規定によって、事業報告書、財産目録、貸借対照表及び収支計算書等について、監事の監査を受けて、総会の議決を経ることになっている場合には、社員総会に付議する前に、監事の監査のために、事業報告書、財産目録、貸借対照表及び収支計算書等の書類を監事に提出しなければなりません。

【解　説】
◆監事の職務と決算

　ＮＰＯ法は、監事の職務について、①理事の業務執行の状況の監査、②特定非営利活動法人の財産の状況の監査、③監査により不正行為や違法・定款違反の重大事実があることを発見した場合の社員総会又は所轄庁への報告、④必要な場合の社員総会招集、⑤理事の業務状況・財産状況について理事に意見を述べること、等と規定しています（ＮＰＯ法18条）。

　もっとも、監事が決算においてどのような役割を負うかについては、法は明確な規定を置いていません。もちろん、監事の業務に照らせば、決算に関わる理事の業務執行や財産状況の監査は、監事の業務範囲に含まれることにはなりますが、法律の規定だけでは、事業報告書等の社員総会への付議にあたって、監事が決算手続に関与しない仕組みであっても違法にはなりません。監事の監査は、社員総会への付議とは別個の手続であっても、適切になされていれば、妥当であるかどうかはともかくとして、違法ではないということになります。

◆定款の規定と監事の職務

　しかし、モデル定款に準じた規定の定款を有している多くのＮＰＯ法人で

は、決算の手続に監事を関与させることになっています。

即ち、多くのNPO法人では、理事長が事業報告書、財産目録、貸借対照表及び収支計算書等決算に関する書類を作成し、監事によってそれらの監査を受けた後に、社員総会で議決するというモデル定款と同様の手続が定款に規定されています（定款48条1項）。

このような規定が定款に定められている場合には、NPO法人における監事が、株式会社の監査役（大会社の場合の会計監査人）のように、決算手続に関与してくることになります。

◆事業報告書等の承認のための理事会

株式会社の場合に、計算書類等は取締役会の承認が必要であることが法律上明記されているのに対し、NPO法では、事業報告書、財産目録、貸借対照表及び収支計算書等決算に関する書類について理事会の承認が必要であることは規定されていません。

しかし、監事の監査を受ける事業報告書、財産目録、貸借対照表及び収支計算書等決算に関する書類は、その後社員総会に付議することになるものでありますし、社員総会の議決を要しない業務の執行に関する事項は、理事会の議決事項である（民法63条、モデル定款31条）ことからすれば、監事に監査を依頼するという業務執行にかかる事業報告書、財産目録、貸借対照表及び収支計算書等決算に関する書類は、理事会において承認の議決を経ておくことが望ましいと考えられます。

したがって、理事長は、事業報告書、財産目録、貸借対照表及び収支計算書等決算に関する書類を作成した場合には、理事会を開催し、これらの書類を理事会において承認する議決を得て、その後、監事にこれらの書類を提出し、監査を受けるという手順を踏むのが適切だと考えられます。もっとも、事業報告書等に関する理事の承認は法定の義務ではなく、又、定款でも義務付けていないのであれば、この段階では理事会を開かないという扱いをしても、違法ではありません。

◆事業報告書等を監事に提出する時期

事業報告書、財産目録、貸借対照表及び収支計算書等決算に関する書類を監事に提出する時期について法は何ら規定をしていませんし、モデル定款でも、特に規定を設けてはいません。ＮＰＯ法人の規模や監事の能力に応じて定めればよいものと考えられます。

　もっとも、商法は、小規模な会社について、監査報告書を代表取締役に提出する時期を、計算書類を受領してから４週間以内としています（商法281条の３）。ＮＰＯ法人でも監事の監査期間として４週間が必要であるとすれば、そこから招集通知期間等も含めて逆算して、事業報告書、財産目録、貸借対照表及び収支計算書等決算に関する書類を監事に提出する時期を定めるということになるでしょう。さらに、事業報告書等の承認のための理事会は、この監事に提出する時期から逆算して開催することになります。

2−7
監事の監査報告

Q 事業報告書、財産目録、貸借対照表及び収支計算書等決算に関する書類の監査を行った監事は、結果を報告書にする必要がありますか。

A 監査報告について書面にすべき義務は法律上定められていませんが、監事は、書面で監査報告を行うことが望ましいと考えられます。

【解　説】
◆監査報告の方法
　監事による監査報告について法が規定しているのは、①監査により業務又は財産に不正行為又は法令定款違反の重大事実があることを発見した場合の社員総会又は所轄庁への報告、②報告のために必要がある場合の社員総会の招集、③業務執行の状況・財産の状況について理事に意見を述べるということであって（NPO法18条）、事業報告書、財産目録、貸借対照表及び収支計算書等決算に関する書類を監査した場合に、監査報告書のような書面で報告を行わなければならないかどうかについては、法は何も規定していません。もちろん、これらの書類の監査によって不正行為等が発見されれば、監事は社員総会に報告しなければなりませんが、書面での報告は、義務付けられていません。
　しかし、NPO法人と監事とは、委任契約に基づく委託者と受任者の関係にあり、監事は、受任者として善良な管理者の注意をもって職務を遂行しなければなりません。このような監事にとって、監査報告書を作成することは、監査を適切に行っている旨を書面に残すことでもあり、重要な意味を有します。
　他方、理事長からすれば、定款の規定に従った監査を受けたことを書面で明確にしておくことは、職務執行の適正を明確にする意味を有することにな

ります。
　以上のような理事側・監事側双方の事情に鑑み、監査報告は、書面によって作成しておくことが望ましいといえるでしょう。

◆監査報告書の体裁
　監査報告書の体裁についても、法律で決まったものがあるわけではありません。監査業務の内容からすれば、公益法人監査報告書での記載方法は参考になると考えられるので、そのようなものを参考に規格化しておけばよいでしょう。次のようにするのも一例です。

・・・・・・・・・・・・・・・・・・・・・・・・・・・・・・・・・・・

監査報告書

平成〇年〇月〇日
特定非営利活動法人〇〇〇〇〇
理事長　※　※　※　※　殿

　　　　　　　　　　　　　特定非営利活動法人〇〇〇〇〇
　　　　　　　　　　　　　監事　※　※　※　※　印

　平成△年△月△日から平成△年△月△日までの平成△年度における会計及び業務の監査の結果について次のとおり報告致します。

監査意見
1　財産目録、貸借対照表及び収支計算書は、会計帳簿の記載と一致し、特定非営利活動法人の収支状況及び財政状況を正しく示しているものと認めます。
2　事業報告書の内容は、真実であると認めます。
3　理事の職務執行に関する不正の行為又は法令・定款に違反する重大な事実はないと認めます。

以上

2―8
決算理事会

Q 決算理事会というのは、どのような理事会ですか。

A 決算理事会というのは、事業報告書等決算に係る議決を行う通常社員総会の開催を決める理事会です。

【解　説】
◆決算理事会の開催

　法律は、通常総会の開催については、毎年1回以上、法人の理事が開催しなければならないと定めるだけで（NPO法30条、民法60条）、具体的な開催手続については、何ら規定していません。もっとも、会議に関する事項は、定款で規定しなければならない（NPO法11条1項7号）ので、開催の手続等については、定款で定められているのが通常です。

　モデル定款では、監事が社員総会を招集する場合を除いて、社員総会は、「理事長」が招集するものと規定しています（モデル定款24条1項）。

　もっとも、社員総会招集権者を理事長と定めてあっても、理事長が機関決定を何も行わずに自らの意思だけで社員総会を招集することができるということではありません。モデル定款では、「総会に付議すべき事項」は、理事会が議決すると定めていますから（モデル定款31条1号）、結局、社員総会招集に先立って理事会を開催し、理事会で社員総会に付議すべき事項を議決し、この機関決定に基づいて、理事長が通常社員総会を招集する手続に入るという手順になります。

　したがって、監事から事業報告書、財産目録、貸借対照表及び収支計算書等決算に関する書類を受け取って、当該書類の承認を議決するための通常社員総会を開催しなければならない理事長は、この通常社員総会を開催するための理事会、即ち決算理事会を招集し、社員総会への付議事項等について、理事会での議決を得なければなりません。

◆決算理事会での議決事項

　前述のとおり、「総会に付議すべき事項」は、理事会の議決事項ですから、理事会で付議・議決することになります。また、社員総会の開催に関する事項は、社員総会の議決を要しない事項であり、モデル定款に準じた規定の定款を有するNPO法人では、理事会で議決すべき「その他総会の議決を要しない業務の執行に関する事項」に該当します（定款31条3号）から、総会の日時・場所についても、理事会で付議・議決することになります。

　ところで、モデル定款では、社員総会の招集通知には、「会議の目的及び審議事項」を記載することを定めていますから（モデル定款24条3項）、モデル定款に準じた規定の定款を有するNPO法人では、理事会で議決すべき「総会に付議すべき事項」には、「会議の目的及び審議事項」が含まれていなければならないということになります。

　問題は、モデル定款の「会議の目的及び審議事項」がいかなる意義を有するかということです。法が社員総会の招集通知に要求しているのは、少なくとも「会議の目的たる事項」を示すことであり（NPO法30条、民法62条）、「会議の目的たる事項」というのは、「決議の対象となる事項、即ち、議題又は議事日程であって、議案（決議案）まで含むものではない」と解されています（藤原弘道『新版注釈民法（2）』405頁）。モデル定款の「会議の目的及び審議事項」が「会議の目的たる事項」よりも広い概念、例えば、議題及び議案ということを意味するのだとすると、招集通知そのものに、詳細な議案までも記載しなければならないことになります。

　しかし、「会議の目的たる事項」が議案を含むものではないといっても、単に議題だけの通知で足りるものではなく、「立法趣旨から考えて、会議においていかなる事項について決議がなされるかを社員にあらかじめ知らせ、それについて準備する機会を与えるに足りる程度に具体的に示さなければならない、ということになるであろう」（前掲、藤原406頁）と解釈されています。このような解釈を前提とすれば、モデル定款の「会議の目的及び審議事項」は、「議題と議案」を意味するのではなく、「会議の『目的及び審議事項』」と読み、「会議の目的たる事項」に関する通説的な見解を表現したものと解釈すべきでしょう。したがって、モデル定款に準じた定款規定を有する

第2章　社員総会事務日程の策定 | 53

ＮＰＯ法人でも、「会議の目的及び審議事項」として議題と議案を招集通知そのものに記載する必要はなく、招集通知の文面には、会議においていかなる事項について決議がなされるかを社員にあらかじめ知らせ、それについて準備する機会を与えるに足りる程度に具体的に示された議題を記載すれば足りると考えられます。

　したがって、決算理事会でも、「総会に付議すべき事項」としての「会議の目的及び審議事項」は、社員総会に付議する議題であって、社員に準備する機会を与える程度に具体的なものとして議決しておく必要があります。

◆付議事項の具体例

　モデル定款のような規定の定款を有するＮＰＯ法人の通常社員総会では、事業報告書、財産目録、貸借対照表及び収支計算書等決算に関する書類を社員総会の議決にかからしめることになりますが、通常社員総会での決議事項はそれだけはありません。

　例えば、定款変更は社員総会での決議事項ですし（ＮＰＯ法25条１項）、モデル定款に準じた定款規定を有しているＮＰＯ法人は、この他にも、

　　事業計画及び収支予算
　　理事の選任
　　監事の選任
　　役員報酬に関する件
　　入会金及び会費の額

等が社員総会決議事項ですので(モデル定款22条)、これらについても、社員総会での付議事項として、決算理事会で議決しておく必要があります。

　いずれにしても、社員総会で付議する事項は、ＮＰＯ法人毎に異なりますし、同じＮＰＯ法人でも年度によって異なりますから、その都度、きちんと付議事項のチェックを事前に行っておくことが重要になります。

2-9
理事会の議決を経ない社員総会

Q 理事会の議決を経ないで社員総会が開催された場合、そこでなされた議決は無効になるのでしょうか。

A 定款によって社員総会での付議事項を理事会が定めることとなっているＮＰＯ法人の場合は、監事が法令・定款違反の報告のために臨時社員総会を招集する場合を除き、理事会の議決を経ないで開催された社員総会は、招集手続に瑕疵があることになります。この場合、当該社員総会での議決は、無効となると考えられます。但し、全社員が社員総会に出席していた場合には、招集手続の瑕疵は治癒されますので、有効に社員総会での議決を行うことができます。

【解　説】
◆社員総会の招集
　ＮＰＯ法は、原則として理事が社員総会の招集を行うと規定し（ＮＰＯ法30条、民法60条・61条）、例外的に、監事が監査によって業務・財産に関する法令・定款違反を発見した場合の報告のために臨時社員総会の招集を行うことを規定しています（ＮＰＯ法18条4号）。もっとも、社員総会の招集の手続として法は招集通知を会日の少なくとも5日前に会議の目的事項を記載して社員に対して送付することを規定しているだけで（ＮＰＯ法30条、民法62条）、具体的な方法は、各ＮＰＯ法人の定款等に委ねています。
　社員総会の招集は、ＮＰＯ法人の業務ですから、定款に特に規定がなければ、理事の過半数の議決によって決めることになります（ＮＰＯ法17条）。
　これに対し、モデル定款のように、特定の理事、例えば理事長に社員総会の招集権限を与えている定款（モデル定款24条1項）を有するＮＰＯ法人では、当該招集権限者による社員総会招集の前提として、理事会の議決が必要かどうかは、定款の定めによって決まります。モデル定款のように、社員総会の付議事項を理事会が決める旨が規定された定款（モデル定款31条1

号)を有するNPO法人では、結局、社員総会の招集権者による招集の前提として、理事会での議決が必要になります。しかし、社員総会での付議事項を理事会で定める旨の規定がなされていないNPO法人の場合には、招集権限を有する当該理事が単独で総会の招集を決定し、招集することが可能です（社団法人について、藤原弘道『新版注釈民法（２）』404頁）。

◆招集手続違反

　監事が監査によって業務・財産に関する法令・定款違反を発見し、報告のために臨時社員総会の招集する場合は、理事会での議決は不要です。このような場合には、理事会での議決なく招集された社員総会は、有効な手続に従ったものです。もっとも、監事によって招集された社員総会の目的は、法令定款違反事項の報告ですから、その場で何らかの議決がなされることはないでしょう。

　招集権者による社員総会招集の前提として、理事会の議決が必要とされていないNPO法人の場合は、理事会の議決がないまま社員総会が招集されたとしても、それだけでは招集手続に瑕疵があることにはなりません。したがって、他に問題がなければ、当該社員総会での議決は、有効な議決になります。

　他方、定款によって社員総会での付議事項を理事会が定めることとなっているNPO法人の場合は、理事会の議決を経ないで開催された社員総会は、招集手続に瑕疵があることになります。理事長が独断で社員総会を招集する場合等がこのような場合に該当するでしょう。

　瑕疵ある招集手続に基づく社員総会での議決は、議決が適法な手続に基づいてなされたことにはなりません。したがって、原則として無効になります。

　もっとも、招集手続に法令・定款違反がある場合の社員総会の議決の効力については、瑕疵がその性質・程度からみて軽微で、審議の結果に影響を及ぼさないと認められるときは、その決議は無効とはいえないと解するのが相当（前掲、藤原414頁）ですから、本件についても、さらに検討する余地はあります。しかし、定款において社員総会への付議事項を理事会での議決

事項としている趣旨は、ＮＰＯ法人の最高意思決定期間である社員総会で議決の対象とする事項について、理事らの真摯な討論を経て結論を出した上で社員総会を招集させようとすることにあると考えられますから、単独・独断での社員総会の招集は、瑕疵の性質・程度からみて重大な瑕疵であって、審議の結果に影響を及ぼすものと考えられます。したがって、やはり、理事会の議決を経ないで招集され、開催された社員総会での議決は、無効となるものと考えられます。

◆全員出席総会

　もっとも、招集手続に関する法令・定款の規定は、社員の表決権を充実させるという社員保護のための規定です。したがって、招集手続に瑕疵がある場合であっても、社員全員が社員総会に出席した上で、当該招集手続の瑕疵を問題にしないのであれば、招集手続の瑕疵は問題とする必要はありません。

　したがって、全社員が社員総会に出席しており、招集手続の瑕疵を問題としない場合には、招集手続の瑕疵は治癒されますので、社員総会において有効に議決を行うことができます。

2—10
総会準備の日程例

Q 通常社員総会準備の日程例はどのようになりますか。

A 一例として、次のような日程例が考えられます。
　　3月31日　　決算期
　　4月15日　　事業報告書、財産目録、貸借対照表及び収支計算書
　　　　　　　　承認の理事会
　　4月15日　　事業報告書、財産目録、貸借対照表及び収支計算書を
　　　　　　　　監事に提出
　　5月10日　　監事、監査報告書を理事長に提出
　　5月16日　　決算理事会（通常社員総会招集を決定）
　　5月18日　　社員総会招集通知発送
　　5月26日　　通常社員総会開催

【解　説】
◆日程作成のポイント
　通常社員総会開催のために法令・定款で定められている期間は、決算申告及び資産の総額の変更登記申請の関係で通常社員総会を翌事業年度の2カ月以内に開催しなければならないということと、招集通知を、通常社員総会開催日から少なくとも定款所定の間隔をあけて発送しなければならないということであり、これらの規定から逆算して種々の日程を決めていくことになります。

◆留意点
　事業報告書、財産目録、貸借対照表及び収支計算書を監事に提出する前の理事会での承認は、定款に特に規定がなければ、必須ではありません。しかし、理事のNPO法人における責任の重要性を考えれば、このような理事会を開催すべきでしょう。

この日程例では、監事の監査期間を4週間程度とってありますが、ＮＰＯ法人毎に、その監査の事務量や監事の能力との関係で、期間を延長又は短縮する必要があります。

　決算理事会では、通常社員総会招集に関わる諸事項を決めることになります。この通常社員総会で予算書や事業計画書の承認や役員の選任等を審議することになるのであれば、決算理事会までに議案も含めて内容を詰めておく必要があります。

　招集通知の発送は、余裕をもって行うようにすべきでしょう。

第3章　議案の作成

3—1　会議の目的事項
3—2　通常社員総会の議題
3—3　記載例—事業報告書等の承認
3—4　記載例—事業計画承認
3—5　記載例—収支予算承認
3—6　記載例—定款変更
3—7　記載例—役員選任
3—8　辞任により員数を欠いた場合の理事の選任
3—9　死亡により員数を欠いた場合の理事の選任
3—10　記載例—役員報酬支払

3-1
会議の目的事項

Q 社員総会の招集通知に記載しなければならない「会議の目的事項」（モデル定款に準じた定款規定を有するNPO法人では「会議の目的及び審議事項」）というのは、どのような事項ですか。

A 「会議の目的事項」（「会議の目的及び審議事項」）というのは、社員総会で付議する議題のことであり、決議事項までを含むものではありませんが、社員に検討の準備をする機会を与える程度に具体的な議題である必要があります。

【解　説】
◆会議の目的及び審議事項
　モデル定款に準じた規定の定款を有しているNPO法人は、社員総会の招集通知に「会議の目的及び審議事項」を記載しなければなりません。他方、NPO法が準用する民法では、招集通知には少なくとも「会議の目的たる事項」を記載しなければならない旨が規定されています。この「会議の目的たる事項」というのは、会議の議題のことであり、議決案である議案の記載のことを意味しているものではないというのが通説的な見解ですから、モデル定款の「会議の目的及び審議事項」という規定が記載内容を民法以上に拡大しているのか、とりわけ、このモデル定款に従うと、詳細な決議内容である議案まで記載することが定款上義務付けられていることになるのかが問題となります。
　しかし、モデル定款の「審議事項」という表現は、「議案」とは明らかに異なっていますし、そもそも「会議の目的たる事項」が議案を含むものではないといっても、単に議題だけの通知で足りるものではなく、「立法趣旨から考えて、会議においていかなる事項について決議がなされるかを社員にあらかじめ知らせ、それについて準備する機会を与えるに足りる程度に具体的に示さなければならない、ということになるであろう」（藤原弘道『新版注

釈民法（2）』406頁）と解釈されていることからすれば、モデル定款の「会議の目的及び審議事項」という表現は、民法62条での「会議の目的たる事項」についての上記のような解釈を前提として、それを具体的に表現したものと解すべきでしょう。

したがって、「会議の目的及び審議事項」というのは、従前の民法62条における「会議の目的たる事項」の解釈上の範囲と同じものであり、「その内容に関する準備する機会を与える程度に具体的な議題」ということになるものと考えられます。

◆議案の送付

モデル定款の「会議の目的及び審議事項」の記載を要するというモデル定款の規定を前提としても、招集通知には、必ずしも議案（決議案）までは記載する必要はないということになります。

もっとも、社員総会の招集通知に、議題とともに詳細な議案を記載したものを添付して社員に通知することは社員の立場からはむしろ望ましいことであり、可能であれば、詳細な具体的な内容を明らかにするという心構えが理事長サイドには必要であると考えられます。そのような観点から、招集通知には、各種の添付書類や議案書のような書面を添付すべきであると考えられます。また、モデル定款では、やむを得ない理由により社員総会に出席できない社員（正会員）は、書面をもって表決すること等ができる旨規定されており（モデル定款28条2項）、書面による表決の前提としては、議決内容即ち議案が社員に開示されていることが必要になります。もちろん、書面による表決を行う旨の連絡を受けてから議案を明らかにすることでも定款に反するものではありませんが、予め、社員総会に出席する資格がある全ての社員に対し、議案を送付しておくことが望ましいといえるでしょう。

なお、理論的には、議題と議案（議決案）とは別のものですが、招集通知には、議題を「議案」と称して、「第1号議案」などという表現をすることが行われますので、注意が必要です。

3—2
通常社員総会の議題

Q 通常社員総会の議題には、どのようなものがありますか。

A モデル定款に準じた定款規定を有するNPO法人における通常社員総会での議題としては、まずは「事業報告書、財産目録、貸借対照表及び収支計算書承認の件」が必要となります。これに加えて、定款の規定に従い、その都度必要な事項を議題としなければなりません。

【解　説】
◆決算関係
　モデル定款に準じた規定の定款を有しているNPO法人にとっては、通常社員総会は、決算期後最初の総会となるでしょうから、まずは、「事業報告書、財産目録、貸借対照表及び収支計算書承認の件」という議題による審議が社員総会において必要になります。

◆その他決議事項
　しかし、社員総会で議決しなければならない事項は、モデル定款によれば様々なものがあります。
　したがって、通常社員総会の機会にこれら総会の議決が必要な事項について審議し、議決を行うのが通常です。もちろん、決算に係る通常社員総会とは別に臨時社員総会を開催しても構わないのですが(特に事業計画及び収支予算に関する決議は、本来は、事業年度前に行っている方が望ましいとさえ言えます)、通常社員総会の機会を捉えて、必要な社員総会決議を行うのが通常であるといえるでしょう。
　通常社員総会の際に合わせて議決すべき事項として考えられるのは、例えば、
　定款変更の件

事業計画及び収支予算承認の件
　理事〇名選任の件
　監事〇名選任の件
　役員報酬支払いの件
　入会金増額の件
といったことでしょう。したがって、これらの議題も、通常社員総会において議決を行うことができるように準備しておく必要があります。

3―3
記載例―事業報告書等の承認

Q 事業報告書、財産目録、貸借対照表及び収支計算書承認に関する「会議の目的及び審議事項」の記載例を教えて下さい。

A 事業報告書、財産目録、貸借対照表及び収支計算書承認に関する「会議の目的及び審議事項」の記載例は、解説記載のとおりです。なお、社員の判断の準備のために、事業報告書、財産目録、貸借対照表及び収支計算書を招集通知に添付することが望ましいと考えられますし、書面表決制度を採用している場合には、招集通知に添付すべきであると考えられます。

【解　説】
◆会議の目的及び審議事項記載例

....

会議の目的及び審議事項

　第１号議案　平成○年度（平成○年○月○日から平成○年○月○日まで）事業報告書、財産目録、貸借対照表及び収支計算書承認の件

....

◆「事業報告書、財産目録、貸借対照表及び収支計算書承認の件」の添付書類
　民法・ＮＰＯ法上は、社員総会の招集通知に事業報告書、財産目録、貸借対照表及び収支計算書を添付することは義務付けていません。
　しかし、これらの内容が不明なままでは、議題として事業報告書、財産目録、貸借対照表及び収支計算書承認の件が掲げられても、社員としては、その承認をすべきかどうかについて、事前に検討することができません。しかも、内容が事業の執行や会計に及ぶため、社員総会当日だけで承認するかど

うかを判断するというのもなかなか難しいと言わざるをえません。小規模なNPO法人であって、社員全員がNPO法人の業務状況や財政状況に詳しいというような場合を除いて、事業報告書、財産目録、貸借対照表及び収支計算書を招集通知に添付するか、その内容をそのまま招集通知に記載するか、いずれかが必要であるというべきでしょう。また、社員総会に欠席する社員に書面による表決権を認めている定款を有しているNPO法人では、書面表決の前提として、事業報告書、財産目録、貸借対照表及び収支計算書を招集通知に添付する運用を行うべきと考えられます。

◆監事の監査報告書の謄本の添付

　監事の監査報告書には、事業報告書、財産目録、貸借対照表及び収支計算書に対する監査意見及び理事の業務執行に対する監査意見が記載されています。この監査報告書の謄本についても、民法及びNPO法は、招集通知への添付を義務付けていません。株式会社においても、いわゆる小会社では、監査役の監査報告書の謄本を株主総会招集通知に添付することは免除されています（商法特例法25条）。このような法の規定に従えば、NPO法人の通常社員総会招集通知に監事の監査報告書の謄本を添付する必要はないということになります。しかし、理事の業務が適正に行われているということが監事によっても担保されていることを明確にし、社員の事業報告書、財産目録、貸借対照表及び収支計算書承認の判断のための資料とするために、監事の監査報告書の謄本を招集通知に添付することが望ましいと考えられます。

3−4
記載例—事業計画承認

Q 事業計画承認に関する「会議の目的及び審議事項」の記載例を教えてください。

A 事業計画承認に関する「会議の目的及び審議事項」の記載例は、解説記載のとおりです。なお、社員の判断材料として、事業計画書を招集通知に添付することが望ましいと考えられますし、書面表決制度を採用している場合には、事業計画書を招集通知に添付すべきであると考えられます。

【解　説】
◆事業計画承認に関する総会開催時期

　モデル定款に準じた規定の定款を有しているNPO法人では、事業計画の承認は、総会決議事項となっています（モデル定款22条3号、同44条）。

　もっとも、事業計画は、予算とともに、本来であれば新年度前に決められているべき事項であって、新年度に入ってから行われる通常社員総会で議決の対象になるというのは、おかしいという考え方もありえるでしょう。予算・決算というそれぞれの事項の性格に合わせるのであれば、本来であれば、通常社員総会も、予算時期と決算時期との2回開催させるべきであるということになります。

　同様の問題は、従前から、民法上の公益法人にもありました。しかし、通常社員総会を2回開催するということは、その準備に費やす種々のコストを考えると困難な問題もあることもあって、多くの民法上の公益法人では、定款に予め暫定予算についての規定を設けておいて、予算も決算も同一の通常社員総会で決議することとし、予算が通常社員総会で決議されるまでは、暫定予算で対処できるようにしておくという対応を行っています。

　NPO法人でも、モデル定款では45条で暫定予算についての規定を置いており、モデル定款に準じた規定の定款を有するNPO法人は、暫定予算に

よる対応を行うことによって、予算に関わる事項を新年度が開始してから開催される通常社員総会での決議事項とすることが可能となっています。このように、事業計画承認は、本来であれば新年度開始前に議決しておくべき事項ではありますが、暫定予算での対応を前提に、新年度に入ってからの通常社員総会に付議し、議決の対象とすることができます。

◆会議の目的及び審議事項記載例

> 会議の目的及び審議事項
>
> 第2号議案　平成○年度（平成○年○月○日から平成○年○月○日まで）事業計画承認の件

◆事業計画承認に関する添付書類

　民法・ＮＰＯ法上は、社員総会で事業計画承認を議題とする場合であっても、事業計画書を招集通知に添付することは義務付けられていません。

　しかし、事業計画の内容が不明なままでは、議題として「事業計画承認の件」が掲げられても、社員としては、その承認をすべきかどうかについて、事前に検討することができません。小規模なＮＰＯ法人であって、社員全員の意思疎通が日常的に十分に行われていて、ＮＰＯ法人の事業計画について社員皆が理解しているというような場合を除いて、事業計画書を招集通知に添付するか、その内容をそのまま招集通知に記載するか、いずれかの対応をすることが望ましいといえます。また、社員総会に欠席する社員に書面による表決権を認めている定款を有しているＮＰＯ法人では、書面表決の前提として、事業計画書を招集通知に添付することが当然の前提となっていると考えるべきであり、そのような運用を行うべきであると考えられます。

3—5
記載例―収支予算承認

Q 収支予算承認に関する「会議の目的及び審議事項」の記載例を教えてください。

A 収支予算承認に関する「会議の目的及び審議事項」の記載例は、解説記載のとおりです。なお、社員の判断材料として、収支予算書を招集通知に添付することが望ましいと考えられますし、書面表決制度を採用している場合には、収支予算書を招集通知に添付すべきであると考えられます。

【解　説】
◆「収支予算承認の件」に関する総会開催時期

　モデル定款に準じた規定の定款を有しているNPO法人では、事業計画の承認は、総会決議事項となっています（モデル定款22条3号、同44条）。

　もっとも、収支予算は、事業計画の場合と同様、本来であれば新年度前に決められているべき事項であって、予算・決算というそれぞれの事項の性格に合わせるのであれば、通常社員総会も、予算時期と決算時期との2回開催させるべきであるということも事業計画の場合と同様です。

　しかし、前述のとおり、NPO法人では、モデル定款では45条で暫定予算についての規定を置いており、モデル定款に従った定款を有するNPO法人は、暫定予算による対応を行うことによって、予算に関わる事項を新年度が開始してから開催される通常社員総会での決議事項とすることが可能となっています。このような規定に従えば、収支予算承認は、本来であれば新年度開始前に議決されておくべき事項ではありますが、暫定予算での対応を前提に、新年度に入ってからの通常社員総会で付議し、議決することができます。

◆会議の目的及び審議事項記載例

会議の目的及び審議事項

第3号議案　平成○年度（平成○年○月○日から平成○年○月○日まで）収支予算承認の件

◆「収支予算承認の件」に関する添付書類
　民法・NPO法上は、社員総会で収支予算承認を議題とする場合であっても、収支予算書を招集通知に添付することは義務付けられていません。
　しかし、収支予算の内容が不明なままでは、議題として「収支予算承認の件」が掲げられても、社員としては、その承認をすべきかどうかについて、事前に検討することができません。小規模なNPO法人であって、社員全員の意思疎通が日常的に十分に行われていて、NPO法人の収支予算について社員皆が理解しているというような場合を除いて、収支予算書を招集通知に添付するか、その内容をそのまま招集通知に記載するか、いずれかの対応をすることが望ましいといえます。また、社員総会に欠席する社員に書面による表決権を認めている定款を有しているNPO法人では、書面表決の前提として、収支予算書を招集通知に添付することが当然の前提となっていると考えるべきであり、そのような運用を行うべきであると考えられます。

3−6
記載例―定款変更

Q 定款変更に関する「会議の目的及び審議事項」の記載例を教えてください。

A 定款変更に関する「会議の目的及び審議事項」の記載例は、解説記載のとおりです。なお、社員の判断の準備のために、定款変更の内容を記載した議案書を招集通知に添付することが望ましいと考えられますし、書面表決制度を採用している場合には、議案書を招集通知に添付すべきであると考えられます。

【解　説】

◆定款変更は社員総会の専権事項

　定款変更は、NPO法によって、社員総会の専権事項と定められています（NPO法25条1項）。定款変更の権限は、定款によって理事の議決事項とすることもできないと解されています（雨宮孝子『NPO法コンメンタール』177頁）。したがって、定款の一部又は全部の変更が必要な場合は、社員総会で議決を行う必要があります。

◆定款変更に関する招集通知の記載

　定款変更に関して、招集通知に「会議の目的及び審議事項」としてどの程度の記載を行うべきかは、必ずしも明らかではありません。

　株主総会では、定款の変更を株主総会に付議する場合には、招集通知書面上に議題を記載するだけでは足りず、理論上の意味における議案の要領を記載することが要求されます（商法342条2項）。そこで、議題としては例えば「第〇号議案　定款一部変更の件」として、「議案の要領は、後記に記載のとおりであります」等との表現を付記して後記で「定款の一部変更の件に関する議案の要領」という項目を設けて議案の要領を記載する等の方法を採っています。

しかし、ＮＰＯ法は、定款変更にあたって招集通知に議案の要領を記載することは要件としておらず、モデル定款上は、定款変更であっても「会議の目的及び審議事項」を記載すれば足りることになっているので、どの程度の記載で足りるのか、又はどの程度の記載が必要になるかが問題になります。
　これについては、場合を分けて検討するのが適当であると考えられます。

（１）招集通知に議案書を添付し、議案書を見れば議案がわかるような場合
　このような場合には、招集通知と議案書を見れば、議題とその内容が社員にわかり、社員が決議に参加するために事前準備が可能になりますから、株主総会における招集通知に準じた形で会議の目的及び審議事項を記載すれば足りるものと考えられます。

・・・
　会議の目的及び審議事項

　　第〇号議案　　定款一部変更の件
・・・

添付書類

・・・
　　　　　　　　　　　　　　議案書
　　第〇号議案　　定款一部変更の件

　１　変更の趣旨及び目的
　　当法人は、特定非営利活動法人〇〇〇〇〇〇〇〇という名称で非営利活動を展開してきましたが、プロジェクト名であった「△△△△」という名称が広く知られてきているので、当該プロジェクト名を法人名にして、さらなる展開を図ろうとするものであります。
　２　変更の内容
　　現行定款第１条の「特定非営利活動法人〇〇〇〇〇〇〇〇」を「特定非営利活動法人△△△△」に改めます。

なお、現行規定・変更案対照表は、次のとおりであります。

現行定款抜粋	変更案
（名称） 第１条　この法人は、特定非営利活動法人〇〇〇〇〇〇〇〇という。	（名称） 第１条　この法人は、特定非営利活動法人△△△△という。

(2) 招集通知に議案書を添付せず、招集通知でしか内容がわからない場合

　このような場合には、そもそも民法が招集通知に「会議の目的たる事項」の記載を要求し、モデル定款が「会議の目的及び審議事項」の記載を要求している趣旨から考える必要があります。

　ＮＰＯ法が招集通知に「会議の目的たる事項」の記載を要求し、モデル定款が「会議の目的及び審議事項」の記載を要求しているのは、「社員に対し会議に出席して表決権を行使するについて十分に準備する期間を与えるとともに、会議の目的の軽重によってこれに出席するべきか否かを決定させようという趣旨であり」（藤原弘道『新版注釈民法（２）』405頁）、招集通知の記載は、「会議においていかなる事項について決議がなされるかを社員にあらかじめ知らしめ、それについて準備する期間を与えるに足りる程度に具体的に示されなければならない」（前掲、藤原405頁）ことになります。そうだとすれば、単に「定款一部変更の件」では、社員には、定款をどのように変更するかということはおろか、定款のどの部分を変更するかということすら事前にわからないということになります。したがって、少なくとも、「会議の目的及び審議事項」に、変更する定款の条文を示すことが必要であると考えられます。

会議の目的及び審議事項

第〇号議案　定款第〇条変更の件

もちろん、このように記載した上で、議案の内容を記載した議案書を添付することは、全く問題ありません。また、社員総会に欠席する社員に書面による表決権を認めている定款を有しているＮＰＯ法人では、書面表決の前提として、議案書を招集通知に添付する運用を行うべきと考えられます。
　定款変更が、社員の権利義務に大きな影響がある事項であることに鑑みれば、会議の目的及び審議事項としてどのような記載をしようとも、定款変更の議案を事前に書面の形で社員に送付しておく運用をすることが望ましいのは言うまでもありません。

3—7
記載例―役員選任

Q 役員選任に関する「会議の目的及び審議事項」の記載例を教えてください。

A 役員選任に関する「会議の目的及び審議事項」の記載例は、解説記載のとおりです。なお、社員の判断の準備のために、役員候補者を明示した議案書を招集通知に添付することが望ましいと考えられますし、書面表決制度を採用している場合には、議案書を招集通知に添付すべきであると考えられます。

【解　説】
◆総会決議事項としての「役員選任の件」
　モデル定款に準じた規定の定款を有しているNPO法人では、理事及び監事は、総会で選任することとされています（モデル定款14条1項、同22条5号）。
　理事と監事とでは、NPO法人内で異なった職務を担当するうえ、監事の場合には、理事又はNPO法人の職員と兼職することができないという制限があるので（NPO法19条）、議題としては、「理事選任の件」と「監事選任の件」とは分けて議題とするのが通常ですが、「役員選任の件」と一括することがおよそ違法ということはありません。社員の表決権行使の便宜を考慮して議題を考えて下さい。

◆「会議の目的及び審議事項」の範囲
　既に述べているとおり、モデル定款で招集通知に記載すべきとされている「会議の目的及び審議事項」というのは、民法62条所定の「会議の目的事項」と同趣旨であると考えられますので、役員選任に関わる「会議の目的及び審議事項」の記載にあたっては、民法62条での役員選任に関わる「会議の目的事項」として何を記載すべきかということに関する議論が参考になり

ます。この点については、「役員選任の場合は、『理事（監事）選任の件』と記載すれば足り、選任すべき役員の員数まで示すことは必要でないと解すべきであろう」（藤原弘道『新版注釈民法（2）』406頁）というのが通説的な見解であると考えられます（同旨、渋谷幸夫『公益法人の機関と運営』334頁）。

　したがって、ＮＰＯ法人においても、招集通知に記載する役員選任に関しての「会議の目的及び審議事項」は、「理事選任の件」「監事選任の件」とすれば足りると考えられます。

　もっとも、「理事選任の件」「監事選任の件」とすれば足りるということは、「理事〇名選任の件」「監事〇名選任の件」と記載してはいけないということでありません。社員に対する準備の便宜を考えれば、むしろ、選任の員数を明記しておくことが望ましいと考えられます。

◆議案書の添付

　役員選任を社員総会で決議する場合であっても、役員選任に関する議案（決議案）そのものを招集通知に記載したり、添付することを義務付けるような定款の規定は置かれていないのが通常です。

　しかし、「理事選任の件」という議題が記載された招集通知をもらっても、社員総会当日までどのような人物が理事の候補者とされているのかわからないというのでは、社員として総会での賛否をどのようにすべきか事前に検討することはできないことになります。定款上は議案書の添付が要求されていないとしても、社員の判断材料を充実させるという観点からは、役員の選任の件に関しても、議案書を招集通知に添付することが望ましいといえるでしょう。また、社員総会に欠席する社員に書面による表決権を認めている定款を有しているＮＰＯ法人では、書面表決の前提として、議案書を招集通知に添付する運用を行うべきと考えられます。

　議案書では、理事・監事の候補者を明示し、場合によっては、略歴も記載し、当該ＮＰＯの理事・監事としての職責を果たすことが可能な人物かどうかの判断材料を社員に提示するのも一案でしょう。

◆記載例

・・・・・・・・・・・・・・・・・・・・・・・・・・・・・・

会議の目的及び審議事項

　第○号議案　理事6名選任の件
　第○号議案　監事1名選任の件

・・・・・・・・・・・・・・・・・・・・・・・・・・・・・・

添付書類

・・・・・・・・・・・・・・・・・・・・・・・・・・・・・・

議案書

第○号議案　理事6名選任の件
　理事全員（6名）は、平成○年○月○日をもって任期満了となりますので、理事6名を選任したいと存じます。
　理事候補者は、次のとおりであります。

候補者番号	氏名（生年月日）	略歴その他
1	○　○　○　○ （昭和30年10月1日生）	平成12年6月　当NPO理事長（現在） 有限会社○○代表取締役（昭和60年6月から）

（以下省略）

第○号議案　監事1名選任の件
　監事全員（1名）は、平成○年○月○日をもって任期満了となりますので、監事1名を選任したいと存じます。
　監事候補者は、次のとおりであります。

候補者番号	氏名（生年月日）	略歴その他
1	△　△　△　△ （昭和40年5月1日生）	平成12年6月　当NPO監事（現在） 公認会計士（平成5年から）

・・・

3―8
辞任により員数を欠いた場合の理事の選任

Q 理事の一部が任期の途中で辞任してしまって、定款所定の員数に足りなくなった場合には、どのようにして新たな理事を選任すればよいでしょうか。

A 理事の選任権限が社員総会にある場合は、①残った理事だけで理事会の議事の定足数を満たしているのであれば、残った理事だけで理事会を開催して後任者選任のための臨時社員総会開催のための手続をとることになり、②残った理事だけでは理事会の議事の定足数を満たしていないのであれば、辞任した理事と残っている理事とで理事会を開いて後任者選任のための臨時社員総会開催のための手続をとることになります。理事の選任権限が、社員総会以外の機関にある場合には、当該機関で速やかに新たな理事を選任することになります。

【解　説】
◆理事の定数
　NPO法は、NPO法人の業務執行のために合議して多数決で決定できる最低数である3名を理事の最低数として定めています（NPO法15条）。3名というのは、最低数ですから、定款によって、理事の定数を5名としたり、10名とすることは可能です。

◆理事の欠員
　理事が任期途中で自ら辞任すると、理事の数が定款で定めた定数に満たなくなることがあります。
　NPO法は、このような場合の取り扱いについて、定数の3分の1を超える者が欠けたときは、遅滞なくこれを補充しなければならないと規定しています（NPO法22条）。したがって、理事の定数を5人と規定しているN

ＰＯ法人において、1名が欠けただけの場合には、遅滞なく欠員を補充する必要はありませんが（もちろん、遅滞なく補充することは、全く問題ありません）、2名が欠けた場合には、遅滞なく欠員を補充しなければＮＰＯ法に抵触することになってしまいます。

◆辞任した理事の義務

　株式会社においては、新たな取締役が選任されてその取締役が就任するまでは、辞任した取締役は、辞任した後もなお取締役としての権利義務を有する旨が規定されています（商法258条1項）。

　これに対し、ＮＰＯ法では、辞任した理事が、新たな理事が選任され就任するまでなお権利義務を有する旨の規定はありません。

　もっとも、モデル定款では、ＮＰＯ法人の理事・監事は、辞任の後であっても、後任者が就任するまではその職務を行わなければならない旨を定めています。したがって、モデル定款に準じた規定の定款を有するＮＰＯ法人においては、辞任した理事であっても、後任者が就任するまでは、なお、理事として職務を行う義務を負っていることになります。

　他方、このような定款規定がないＮＰＯ法人での辞任した理事の義務の存否は必ずしも明らかではありません。しかし、ＮＰＯ法人と理事との間の関係は、委任又は準委任関係ですので、委任終了後も急迫の事情がある場合には、受任者は後任者等が決まるまでは応急処分義務を負っています（民法654条）。したがって、このような場合、辞任した理事であっても、後任者が就任するまでは、一定の義務を負っていると考えられます。

◆理事の選任権限が社員総会にある場合

　辞任した理事に一定の義務が残っているといっても、あくまでも例外的な義務ですから、総数の3分の1を超える欠員がある場合には遅滞なく後任理事を選任し、そうでない場合もできる限り速やかに後任理事を選任することが望ましいといえるでしょう。

　この場合、モデル定款のように、理事の選任権限が社員総会にある（定款14条1項）定款を有するＮＰＯ法人では、臨時社員総会を招集したうえで、

後任理事の選任を行うことになります。

　ところで、社員総会での付議事項は、理事会で定めるのが通常です（モデル定款31条1号）。理事会における議決のための定足数や可決要件について定款に特に定めがないのであれば、辞任後の残った理事で理事会を開催し、その出席者の過半数の議決によって臨時社員総会開催を決めることが可能です。

　しかし、理事会における議決のための定足数や可決要件が定款に定められている場合であって、残った理事だけではその要件を満たさない場合には、残った理事だけで行った理事会の決定は無効な決定になってしまいます。例えば、モデル定款では、「理事会の議事は、理事総数の過半数をもって決し」と規定されていますから（モデル定款35条2項）、そもそも「理事総数」の過半数の理事の出席がなければ理事会は有効に開催できません。したがって、定款で理事の員数を5名と定めているNPO法人で、3名の理事が辞任した場合には、残った2名の理事だけでは理事会を有効に開催できないことになります。

　このような場合には、残った理事は、前述の退任理事の退任後の義務の定款規定又は委任契約上の義務に基づき、退任した理事にも理事会への出席を求め、有効な理事会を開催した上で、後任理事の選任のための臨時社員総会の招集を決定しなければなりません。

　どうしても退任理事が理事会に出席しない場合には、社員全員に社員総会に出席してもらう全員出席総会を開催して後任理事を選任してもらう方法もありますが、社員総数が多いNPO法人の場合には、開催が困難であるという問題があることには留意が必要です。

◆**理事の選任権限が社員総会以外の機関にある場合**

　理事の選任権限が、定款によって、社員総会以外の機関にある場合、欠員の補充については、当該機関によって速やかに行われなければなりません。

　もっとも、理事の選任権限が、定款によって理事会にある場合には、若干の配慮が必要です。即ち、理事会における議決のための定足数や可決要件が定款に定められていて、残った理事だけではその要件を満たさない場合に

は、残った理事だけで行った理事会の決定は無効な決定になってしまいます。そこで、理事会で有効な議決を行うためには、前述の退任理事の退任後の義務の定款規定又は委任契約上の義務に基づき、残った理事は、退任した理事にも理事会への出席を求め、有効な理事会を開催した上で、後任理事の選任を議決しなければなりません。

3-9
死亡により員数を欠いた場合の理事の選任

Q 理事の一部が任期の途中で死亡してしまって、定款所定の員数に足りなくなった場合には、どのようにして新たな理事を選任すればよいでしょうか。

A 理事の選任権限が社員総会にある場合は、①残った理事だけで理事会の議事の定足数を満たしているのであれば、残った理事だけで理事会を開催して後任者選任のための臨時社員総会開催のための手続をとることになり、②残った理事だけでは理事会の議事の定足数を満たしていないのであれば、裁判所に仮理事を選任してもらい、残っている理事とで理事会を開いて後任者選任のための臨時社員総会開催のための手続をとることになります。理事の選任権限が、社員総会以外の機関にある場合には、当該機関で速やかに新たな理事を選任することになります。

【解　説】
◆理事の定数
　ＮＰＯ法は、ＮＰＯ法人の業務執行のために合議して多数決で決定できる最低数である３名を理事の最低数として定めています（ＮＰＯ法15条）。前述したように、３名というのは、最低数ですから、定款によって、理事の定数を５名としたり、10名とすることは可能です。

◆理事の欠員
　理事が任期途中で死亡した場合には、理事の数が定款で定めた定数に満たなくなることがあります。
　このような場合の取り扱いについてのＮＰＯ法の規定は、辞任による欠員の場合と同様であり、定数の３分の１を超える者が欠けたときは、遅滞なくこれを補充しなければならないと規定しています（ＮＰＯ法22条）。した

がって、理事の定数を5人と規定しているNPO法人において、1名が死亡により欠けた場合には、遅滞なく欠員を補充する必要はありませんが（もちろん、遅滞なく補充することは、全く問題ありません）、2名が死亡により欠けた場合には、遅滞なく欠員を補充しなければNPO法に抵触することになってしまいます。

◆理事の選任権限が社員総会にある場合
　モデル定款のように、理事の選任権限が社員総会にある（モデル定款14条1項）定款を有するNPO法人では、臨時社員総会を招集したうえで、後任理事の選任を行うことになります。
　ところで、社員総会での付議事項は、理事会で定めるのが通常です（定款31条1号）。理事会における議決のための定足数や可決要件について定款に特に定めがないのであれば、残った理事で理事会を開催し、その出席者の過半数の決議によって臨時社員総会開催を決めることが可能です。
　しかし、理事会における議決のための定足数や可決要件が定款に定められていて、残った理事だけではその要件を満たさない場合には、残った理事だけで行った理事会の決定は無効な決定になってしまうので、問題があります。例えば、モデル定款では、「理事会の議事は、理事総数の過半数をもって決し」と規定されていますから（モデル定款35条2項）、そもそも「理事総数」の過半数の理事の出席がなければ理事会は有効に開催できません。したがって、定款で理事の員数を4名と定めているNPO法人で、2名の理事が死亡した場合には、残った2名の理事だけでは理事会を有効に開催できないことになります。
　理事欠員の理由が死亡によるものである以上、理事の辞任の場合のように、辞任した理事に理事会への出席を求めることによって対処することはできません。
　そこで、このような場合には、裁判所に仮理事（NPO法30条、民法56条）の選任を求め、仮理事の出席のもとで、有効な理事会を開催したうえで、後任理事の選任のための臨時社員総会の招集を決定しなければなりません。

社員全員に社員総会に出席してもらう全員出席総会を開催して後任理事を選任してもらう方法もありますが、社員総数が多いＮＰＯ法人の場合には、開催が困難であるという問題があることには留意が必要です。

◆理事の選任権限が社員総会以外の機関にある場合
　理事の選任権限が、定款によって、社員総会以外の機関にある場合、欠員の補充については、当該機関によって速やかに行われなければなりません。但し、理事の選任権限が、定款によって理事会にある場合には、若干の配慮が必要です。即ち、理事会における議決のための定足数や可決要件が定款に定められていて、残った理事だけではその要件を満たさない場合には、残った理事だけで行った理事会の決定は無効な決定になってしまうので、有効な理事会での議決を行う必要があります。このような場合にも、前述の仮理事を裁判所に選任してもらった上で、仮理事の出席のもとで、有効な理事会を開催して後任理事の選任を議決しなければなりません。

3―10
記載例―役員報酬支払

Q 役員報酬支払に関する「会議の目的及び審議事項」の記載例を教えてください。

A 役員報酬支払に関する「会議の目的及び審議事項」の記載例は、解説記載のとおりです。なお、社員の判断の準備のために、概要を明示した議案書を招集通知に添付することが望ましいと考えられますし、書面表決制度を採用している場合には、議案書を招集通知に添付すべきであると考えられます。

【解　説】
◆総会決議事項としての役員報酬
　ＮＰＯ法は、役員総数の３分の１以下に限り役員が報酬を受けることを認めていますが（ＮＰＯ法２条２項１号ロ）、役員報酬の決定方法についての規定は設けていません。
　しかし、モデル定款では、役員の報酬に関する件は社員総会での議決事項にしている（モデル定款19条３項、同22条５号）ため、モデル定款に準じた規定の定款を有しているＮＰＯ法人では、役員報酬に関する件を社員総会で定めなければなりません。

◆役員報酬支給に関する「会議の目的及び審議事項」
　招集通知に記載すべき役員報酬に関する「会議の目的及び審議事項」としては、例えば「理事に対する報酬支給の件」という記載で足りると考えられます。

◆社員総会での議決内容―議案の内容
　問題は、役員報酬の支給に関して社員総会でどこまで議決しなければならないかということです。

確かに、社員総会において最も詳細に議決するのだとすれば、理事の誰に、年間いくらの報酬を支給するのかを明確にして、その内容を社員総会で議決するということになるでしょう。

　しかし、ＮＰＯ法２条２項１号ロが、役員報酬を受け取ることができる者の数を役員総数の３分の１以下に抑えている趣旨は、「法人の目的が非営利であるという要件を実質的に担保する」ことであり、「非営利（＝剰余金の分配の禁止）という要件を、役員に対する給与（賞与）という形で脱法的に運用されることを防止する」（松原明『ＮＰＯ法コンメンタール』90頁）ということと考えられます。このような法の趣旨を受けて、モデル定款では、そのような監視を社員総会に委ねたものと考えられます。

　そうだとすれば、社員総会でコントロールすべきは、ある年に剰余金が多くなったということ、又は多くなると予想されるということを理由に理事が勝手に報酬を増額することがないようにするということであると考えられます。このようなコントロールを行うためには、毎年どの理事にいくらの報酬を支払うかを議決しなくても、理事に支払うべき報酬の上限額が定められていれば足りるとも考えられます。理事に支払うべき報酬の上限が定められていれば、理事としては、その範囲内で、ＮＰＯ法が定める要件である役員総数の３分の１の役員に限定して報酬を支払うように運営を行うべき義務が生じるので、ＮＰＯ法の規定が遵守され、また、剰余金の分配につながる「お手盛り」の報酬支払いが防止されることになります。

　したがって、社員総会で決議すべき議案としては、役員報酬総額の上限を定め、具体的な配分を理事長に一任するということで足りると考えられます。モデル定款が役員報酬に関する事項について必要な事項を「総会の議決を経て、理事長が別に定める」と規定しているのも（モデル定款19条３項）、このような取り扱いを認めた趣旨であると考えるのが妥当です。

　また、役員報酬総額の上限を社員総会で一度定めれば、理事はこの議決に拘束されることになりますから、この総額の変更を伴わない限りこの議案を毎年社員総会で議決する必要はないものと考えられます。これに対し、役員報酬を支給する理事と金額を社員総会での議決の対象とする場合には、毎年、社員総会の度に、当該議決が必要になるでしょう。

なお、モデル定款は、役員報酬支給に関する件の議案を社員総会の招集通知に添付することは要求していませんが、社員の検討の便宜のため、議案を添付することが望ましいと考えられます。また、社員総会に欠席する社員に書面による表決権を認めている定款を有しているＮＰＯ法人では、書面表決の前提として、議案書を招集通知に添付する運用を行うべきと考えられます。

◆役員報酬支給に関する「会議の目的及び審議事項」記載例

・・・
会議の目的及び審議事項

　第○号議案　役員報酬支給の件
・・・

添付書類
①　支給される役員名と支給額を明らかにする場合

・・・
　　　　　　　　　　　　　　議案書

　第○号議案　役員報酬支給の件
　　本事業年度における理事○○○○に対し、月額※※万円以内の理事報酬を支給する旨御決議頂きたいと存じます。具体的な支給額、支給時期等については、理事長にご一任下さいますようお願い申し上げます。なお、本事業年度における役員総数は、理事３名及び監事１名の合計４名であります。
・・・

②　支給総額のみを明らかにする場合

・・・
　第○号議案　役員報酬支給の件
　　本法人における役員報酬総額を月額○○万円以内と致したく、ご決議頂きたいと存じます。報酬を受ける役員、支給額、支給時期等については、理事長にご一

任下さいますようお願い申し上げます。
・・・・・・・・・・・・・・・・・・・・・・・・・・・・・・・・・・・

第4章　招集通知の作成

4—1　招集通知の作成者
4—2　招集通知の内容
4—3　招集通知の具体例
4—4　招集通知の添付書類
4—5　招集通知の発送時期
4—6　招集通知の発送遅滞
4—7　招集期間短縮の同意がない社員総会
4—8　書面表決制度
4—9　書面表決書
4—10　委任状
4—11　議案の変更
4—12　社員総会招集権者の入院
4—13　招集通知の不達
4—14　電子メールによる招集通知

4—1
招集通知の作成者

Q 通常社員総会の招集通知の作成は、誰が行うのですか。

A 通常社員総会の招集通知は、定款で招集権者と定められている者が作成します。

【解　説】
◆通常社員総会の招集権者
　法は、通常社員総会の招集権者を理事と定めています（NPO法30条、民法60条）。しかし、実際のNPO法人では、モデル定款に記載されているとおり、理事長のような、理事の中の最高責任者が招集権者となっているのが通例です（モデル定款24条1項）。
　したがって、モデル定款に準じた規定の定款を有するNPO法人における通常社員総会の招集通知は、理事長のような、理事の中の最高責任者が作成することになります。

◆作成実務
　もっとも、通常社員総会の招集権者が理事長であるからといって、理事長本人が招集通知の作成作業を行わなければならないということではありません。決算理事会で通常社員総会の開催日時、開催場所、議題等審議事項が決められれば、それに従って、事務局スタッフその他の者が招集通知の原案を作成しても問題ありませんし、むしろそのようにするのが通常でしょう。このようにして作成された原案を、招集権者である理事長等が責任者となって、社員に発送するということになります。

4-2
招集通知の内容

Q 社員総会を招集するための通知の記載内容について教えてください。

A 社員総会を招集するための通知である「招集通知」には、発信日時、タイトル、宛名、招集権者、招集文言、開催日時、場所、会議の目的事項等を記載します。

【解　説】
◆狭義の招集通知
　モデル定款は、社員総会の招集にあたっては、「会議の日時、場所、目的及び審議事項を記載した書面」により行うべきことを定めています(モデル定款24条3項)。このような書面を狭義の招集通知といいます。この招集通知について、ＮＰＯ法は、少なくとも5日前に会議の目的事項を示して行うことを要求しているだけであって（ＮＰＯ法30条、民法62条）、必ずしも書面によることを要求していません。しかし、定款で「書面による招集」を規定している場合には、電話や電子メール等による招集等、書面によらない招集では定款の要件を満たさないことになります。電子メールで招集通知を行うＮＰＯ法人は、その旨を定款に規定する必要があり、モデル定款とは異なった規定を設けなければなりません。

◆広義の招集通知
　定款に定められた「会議の日時、場所、目的及び審議事項」を明らかにして社員に対して社員総会の招集を行うのが狭義の招集通知ですが、社員総会の招集にあたっては、狭義の招集通知以外にも、様々な書面を社員に送付して招集を行います。狭義の招集通知に、これらの添付書類や議案書を合わせたものを、広義の招集通知といって区別することがあります。

◆狭義の招集通知の記載事項

　モデル定款が規定している招集通知は、狭義の招集通知のことです。モデル定款が書面に記載することを要求しているのは、「会議の日時、場所、目的及び審議事項」だけです（モデル定款24条3項）。しかし、これはいわば招集通知の本文であって、書面の通知としての体裁を整えるために、招集通知には、発信日時、タイトル、宛名、招集権者、招集文言等も記載する必要があります。

◆招集通知の形態

　狭義の招集通知の形態については、モデル定款に従った定款では、「書面」であることが要求されているだけで、その他様式や紙質については、法令にもモデル定款にも制限はありません。それぞれのＮＰＯ法人で、分かり易いものを工夫して構いません。狭義の招集通知と添付書類、議案書を一緒に綴じるか、別冊にするかも、特に決められていませんので、それぞれのＮＰＯ法人でスタイルを決めて作成することになります。

4−3
招集通知の具体例

Q 狭義の招集通知に関する書面の具体例を教えてください。

A 狭義の招集通知に関する書面の具体例は解説記載のとおりです。

【解　説】
◆発信日
　発信日時は、社員総会招集手続のために定款で定めている招集期間についての要件を遵守して通知がなされているかどうかを示すものになります。但し、招集通知に記載している発信日よりも現実の発信日が遅くなった場合には、現実の発信日を前提に招集期間の計算を行うことになるのは当然です。定款所定の招集期間の要件を充足していない場合には、招集手続の瑕疵となり、そのような手続で開催された社員総会での決議は、無効となることがありますから、注意が必要です。
　発信日の記載は、横書きの場合は、招集通知書の右肩にするのが通例です。

◆タイトル
　タイトルは、社員総会招集通知として社員にわかるものであれば、どのような記載でも構いません。ただ、法令・定款上の通常社員総会なのか、臨時社員総会なのかはわかるようにしておくのが望ましいでしょう。

◆宛名
　社員総会招集通知は、社員総会に出席して、表決権を行使することができる社員に対して発送するものです。NPO法人によっては、様々な種類の会員を構成員としていますが、どの種類の会員がNPO法の社員なのかを定款で定めることになっています。したがって、社員総会の招集通知の名宛人も、当該会員の名称を記載することになります。

モデル定款のような定款では、「正会員」がNPO法上の社員とされていますので（モデル定款6条）、名宛人は、「正会員各位」となります。このほか、定款の記載の仕方によっては、「議決権を有する社員各位」という記載でも構いませんし、また、「各位」を使わずに、「正会員の皆様へ」としても構いません。もちろん、固有名詞を一人一人記載することも、事務手続きが煩瑣になることを厭わないのであれば、全く問題ありません。

◆招集者

誰が社員総会の招集を行っているかを明確にするために、招集通知には、招集者を明記します。モデル定款のように、定款で通常社員総会の招集を行うのが理事長と定められている場合には（モデル定款24条1項）、その理事長が、肩書きを付して招集者として招集通知に記載されます。理事長に事故その他故障があって理事長が社員総会の招集を行うことができない場合には、予め定められた順序に従って、他の理事が招集者として社員総会の招集を行います（モデル定款15条2項）。

◆日時

社員総会の開催日時を記載します。通常社員総会は、例年、同じように行われるものですから、例年の開催月日に準じて開催日を調整します。理事の都合も考慮し、早い時期に開催日を決定しておくことが必要です。

◆場所

社員総会の開催場所については、民法にもNPO法にも特別の規定はありません。しかし、定款に社員総会の場所についての規定を設けている場合にはその規定に従う必要があります。モデル定款のように何ら社員総会の場所について規定を設けていない定款規定であれば、社員総会の場所は、理事会で任意に決めることができます。もっとも、「著しく交通不便もしくは遠隔の地や出席社員を収容しきれないような狭隘な建物に招集するようなことは許されない」（藤原弘道『新版注釈民法（2）』404頁）と考えられます。

なお、場所の表示は、単に地番だけではなく、ビル名や会議室の号数な

ど、具体的に記載します。

◆会議の目的及び審議事項

　ＮＰＯ法は、社員総会で議決できる事項は、招集通知に記載した事項だけである旨を定めており（ＮＰＯ法30条、民法64条）、これを受けて、モデル定款でも、社員総会における議決事項は招集通知書で予め通知した事項に限られる旨を規定しています（モデル定款27条１項）。社員総会当日になって新たに議題を追加して議決しても、無効な議決になります(但し、社員全員が当該社員総会に出席しているいわゆる全員出席総会であって、新たな議題を議決することに全社員が同意しているという特別な事情があれば、その決議は有効となります)。

　したがって、社員総会においてどのような事項を「会議の目的及び審議事項」にするのかは、十分に検討しておく必要があります。

　「会議の目的及び審議事項」の具体的な記載例は、既に解説したとおりです。

◆招集通知書例

　いままでの解説を踏まえると、狭義の招集通知書の一例として次のようなものを挙げることができます。

・・・・・・・・・・・・・・・・・・・・・・・・・・・・・・・・・・・・・

　　　　　　　　　　　　　　　　　　　　　平成〇〇年〇月〇〇日

　正会員　各位

　　　　　　　　　　　特定非営利活動法人〇〇〇〇〇〇〇〇
　　　　　　　　　　　理事長　　〇　〇　〇　〇

　　　　　　　　第〇回通常社員総会招集のご通知

　拝啓　ますますご清祥のこととおよろこび申し上げます。
　　さて、下記のとおり第〇回通常社員総会を開催致しますので、ご出席下さいますようご通知申し上げます。

第４章　招集通知の作成　97

なお、当日ご出席願えない場合は、書面により表決を行うことが可能ですので、お手数ながら別添の資料及び議案書をご検討のうえ、同封の書面表決書に賛否をご表示頂き、ご捺印のうえ、ご返送下さいますようお願い申し上げます。

敬具

記

1　日　時　　平成〇〇年〇月〇〇日（〇曜日）午前〇〇時
2　場　所　　〇〇市〇〇町〇丁目〇番〇号　本法人主たる事務所
3　会議の目的及び審議事項
　　第1号議案　平成〇〇年度(平成〇〇年〇月〇日から平成〇〇年〇月〇〇日まで)事業報告書、財産目録、貸借対照表及び収支計算書承認の件
　　第2号議案　平成〇〇年度(平成〇〇年〇月〇日から平成〇〇年〇月〇〇日まで）事業計画承認の件
　　第3号議案　平成〇〇年度(平成〇〇年〇月〇日から平成〇〇年〇月〇〇日まで）収支予算承認の件
　　第4号議案　定款第〇条変更の件
　　第5号議案　理事〇名選任の件
　　第6号議案　監事〇名選任の件
　　第7号議案　役員報酬支給の件

以上

・・・・・・・・・・・・・・・・・・・・・・・・・・・・・・・・・・・・

4−4
招集通知の添付書類

Q 狭義の招集通知にかかる書面に添付しなければならない書類はありますか。

A 民法・NPO法及びモデル定款に従った定款では、狭義の招集通知にかかる書面に添付することを義務付けた書面はありません。しかし、事業報告書、財産目録、貸借対照表及び収支計算書等の決算書類や、議案書、書面表決書、委任状等を狭義の招集通知にかかる書面に添付して社員に送付することが望ましいと考えられます。

【解　説】
◆添付書類の種類

　民法でもNPO法でも、社員総会招集通知に添付すべき書面について何ら規定しておらず、また、モデル定款に従った定款でも、社員総会招集に要求しているのは、「会議の日時、場所、目的及び審議事項」を記載した書面の発送だけであって（モデル定款24条3項）、それ以上に添付すべき書面の規定はありません。

　しかし、事業報告書、財産目録、貸借対照表及び収支計算書等の決算書類や議案書は、これらの書類の承認等議案の議決が総会で行われるのであれば、社員の判断の準備のために、予め招集通知に添付して社員に送付しておくことが望ましいと考えられます。

　さらに、民法65条2項を受けたモデル定款のように（モデル定款28条2項）、社員総会に欠席する社員が書面により表決することができるとするいわゆる書面表決制度を定めた定款を有しているNPO法人では、書面による表決の前提として、事業報告書、財産目録、貸借対照表及び収支計算書等の決算書類や議案書を招集通知に添付するという運用を行うべきであると考えられます。

　また、モデル定款に準じた定款の規定によって、書面表決制度や代理人に

対する表決委任が可能となっているNPO法人では、書面表決書や委任状も狭義の招集通知書に添付することが望ましいと考えられます。

　もちろん、定款に書面表決制度が定められている場合でも、社員から社員総会に欠席するので書面表決を行いたい旨の連絡がなされてから、書面表決書と議案書等を当該社員に送付するという運用を行っても定款違反にはなりません。しかし、招集通知の発送から社員総会開催日までの期間が5日程度と短いことを考えると、書面表決制度を実効的なものとするためには、狭義の招集通知に添付して、これらの書面を社員に送付しておくことが望ましいと考えられ、そのような運用をすべきであると考えられます。

4—5
招集通知の発送時期

Q 通常社員総会の招集通知は、いつまでに発送しなければいけませんか。

A 通常社員総会の招集通知は、招集発送日と通常社員総会日との間に、少なくとも定款で定めた期間が存在するように、発送しなければいけません。

【解　説】
◆社員総会招集日

　通常社員総会の招集通知日について、法は、「総会の招集は少なくとも5日前にその会議の目的たる事項を示し定款に定めたる方法に従いて之を為すことを要す」と定め、社員総会の「5日」前には招集を行わなければならないと定めています（NPO法30条、民法62条）。この規定を受けて、モデル定款では、社員総会招集の手続として、「開催の日の少なくとも5日前までに通知しなければならない」と規定しています（モデル定款24条3項）。

　「5日前までに通知しなければならない」という規定については、「5日前までに通知が到達していなければならない」ということなのか、それとも「5日前までに通知が発送されていなければならない」ということなのかは、一応問題になります。

　この点については、モデル定款の「開催の日の少なくとも5日前までに通知しなければならない」という規定は、民法62条の「・・・5日前に・・・之（招集）を為す」という規定を置き換えただけと考えられますので、民法62条の解釈が参考になります。民法62条の解釈では、社員総会の招集は意思表示ではないので、民法97条1項の到達主義の規定は必ずしも適用されるものではないというのが通説的見解であること、5日前までの通知の到達を要求すると、到達時期が区々となって不便であること等を理由として、株主総会の招集の場合と同様、5日前までに通知を発すれば足りるというのが

通説的見解です（藤原弘道『新版注釈民法（2）』405頁等）。

したがって、モデル定款のような規定によれば、「5日前までに通知を発しなければならない」という解釈を採るのが妥当であると考えられます。

なお、「5日前に通知を発するとは、通知を発した日の翌日から起算して会日までの間に少なくとも5日の日数が存すること、つまり、通知を発した日と会日との間に少なくとも5日の期間が存在することである」と解されています（前掲、藤原405頁）。したがって、例えば、6月21日に招集されるべき社員総会については、遅くとも6月15日に招集通知を発送しなければならないということになります（この場合、6月15日の翌日である6月16日から起算して5日間の日数があって、6月21日になります）。

なお、招集通知の発送日と会日までの間は、定款の規定をもって延長することは可能ですから（前掲、藤原405頁）、定款で5日以上の期間を定めても差し支えありません。

以上のとおりですから、通常社員総会の招集通知は、招集発送日と通常社員総会日との間に、少なくとも定款で定めた期間（モデル定款であれば5日）が存在するように、発送しなければならないということになります。

◆定款で到達主義が明示されている場合

もっとも、モデル定款とは異なって、招集通知について到達主義が規定されているような定款規定を有するNPO法人の場合には、その規定に従った招集通知の発送が必要になります。例えば、定款で「5日前までに到達させなければならない」という規定を定めているのであれば、到達が有効な招集手続の要件になるので、注意が必要です。このような場合には、到達の日数も考慮した上で、招集通知の発送手続を行うことになるでしょう。

4—6
招集通知の発送遅滞

Q 通常社員総会の招集通知の発送が遅れてしまった場合にはどうなりますか。

A 法令・定款に定められた招集方法によらないで招集された社員総会の決議は瑕疵ある決議となり、無効となることがあります。したがって、招集通知の発送が定款の規定に抵触することになるような場合には、①招集期間の短縮について全社員の同意をもらう、又は②社員総会を全社員出席総会とする等によって、招集手続に瑕疵がないようにする必要があります。

【解 説】
◆招集手続の瑕疵

　法令・定款に定めた招集方法によらずに社員総会を招集した場合、招集手続に瑕疵があることになり、このような瑕疵ある招集手続に基づいて開催された社員総会は、正式な社員総会ではないことになります。したがって、そのような場での議決も、社員総会という機関決定としては瑕疵があることになり、このような議決には、無効原因となりうる瑕疵があることになります。

　もちろん、招集手続の軽微な瑕疵まですべて問題にして、総会決議を無効と解するのも妥当ではないとも考えられ、民法上の社団法人の社員総会に関する決議の効力について裁判例の中には、「結局は招集手続の瑕疵の種類、程度その他総会における提案並びに決議の方法等諸般の事情に照らして、法が総会を通じてする社員の社団管理の権限を保護しようとした趣旨を著しく没却することになるかどうかによって判断することが妥当である」とするものもあります（東京高裁判決S 26. 12. 22）ので、招集手続に軽微な瑕疵があっても、議決が無効とはされない場合もあります。

　しかし、このように事後的な判断で社員総会決議が有効か無効かが決まる

ような社員総会運営が適切なものとはいえないことは言うまでもありません。なによりもまず、社員総会の招集手続に瑕疵がないようにすることが重要です。

◆招集期間の短縮について

　ＮＰＯ法30条が準用する民法62条が定めている招集通知期間、即ち社員総会の５日前までに為さなければならないという期間については、定款をもってしても短縮することができないというのが通説です（藤原弘道『新版注釈民法（２）』405頁）。そうだとすれば、ある社員総会においても、社員の同意があるからといって、招集期間を短縮することはできないという解釈も一応考えられそうです。

　そもそも招集通知期間を法が定めている趣旨は、社員総会に出席する権利を有している社員が総会での議題・審議事項を予め検討することができるように一定の期間を確保するということです。したがって、定款で招集期間を短縮してしまうと、社員総会が常に当該規定に縛られることになるため、法の趣旨が常に没却されるということにもなりかねませんし、定款変更は必ずしも社員全員の同意が必要ではありませんから、一部の社員にとっては、不本意なまま社員総会の招集期間が短縮されてしまう可能性もあり、妥当ではないと言えそうです。

　しかし、招集通知期間を法が定めている趣旨は、あくまでも社員の利益を保護するためであって、具体的な事情のもとで、社員が敢えてその利益を放棄することをおよそ許さないというものではないと考えられます。したがって、ある社員総会において、全社員が社員の利益のための規定である招集期間についての定款の規定によらずに期間を短縮することに同意するのであれば、そのような同意に基づいて行った招集期間を短縮した招集通知手続には、何ら問題がないものというべきでしょう。

　そうだとすれば、どうしても招集通知期間を短縮させなければならない場合には、招集権者（多くの場合は理事長）としては、招集権者宛てに招集期間短縮の同意書を全社員に提出してもらうことによって、招集手続の適正を図ることが可能になります。

◆全員出席社員総会について

　社員総会の招集手続が法令・定款に従ってなされなかった場合であっても、「全社員が出席して総会を開くことに同意したときには、例外的に総会として有効な意思決定（決議）をすることができると解して妨げない」（前掲、藤原403頁）でしょう。

　したがって、総会招集期間が不足し、また、招集期間短縮の同意を社員から事前に取ることができなかった場合であっても、当該社員総会に全社員が出席し、総会を開催することに同意するのであれば、社員の利益は保護されているのであり、招集手続の瑕疵は問題とはなりません。

　このように、全員出席総会は、招集手続の種々の不備を解消することになりますので、小規模なＮＰＯ法人であれば、このような総会を開催することによって、招集手続上の問題を解消することが可能です。

4−7
招集期間短縮の同意がない社員総会

Q 社員総会の招集期間の短縮について、少数の社員から社員総会当日までに同意書が到着せず、結局当日も出席がなかった場合の社員総会の決議の効力はどのように考えればよいでしょうか。

A 社員総会招集期間の短縮についての同意に関して、少数ではあっても全員の同意が得られない場合には、招集手続は法令定款違反の瑕疵があることになり、社員総会での議決は違法になります。決議が当然に無効になるかどうかは、手続的瑕疵の大きさにもよりますが、同意を行わなかった社員が少数であれば、無効とまではいえない場合もあるものと考えられます。

【解　説】
◆招集期間の短縮
　ＮＰＯ法30条が準用する民法62条は、社員総会の招集は、少なくとも会日の5日前には行わなければならないことを規定しており、この期間は定款をもってしても短縮できないと解するのが通説であるということは既に述べたとおりです。
　しかし、特定の社員総会における具体的な状況のもとで、全社員が招集期間の短縮に応じているのであれば、社員に社員総会での議案内容を周知させ、準備をさせるための招集期間の規定の趣旨を没却することにはならないと考えられますから、社員総会招集期間を短縮することは、可能であると考えられます。
　問題は、多くの社員からは招集期間短縮の同意を取ることができたものの、一部の社員からは同意を取ることができなかった場合の社員総会の扱いです。
　招集期間短縮の同意を提出しなかった社員であっても、結局社員総会に出席したのであれば、招集期間短縮の同意を行ったものと同視してもよいの

で、この場合には問題ありません。

しかし、本件のように、当該社員が社員総会への出席を行っていない場合には、結局のところ、招集期間の短縮については、同意がとれなかったことになります。

法が招集期間を定めた趣旨からすれば、招集期間の短縮は、全社員の同意という要件が満たされた場合にのみ適法であるというべきであり、少数であったとしても、招集期間の短縮に同意していない社員がいた場合には、招集手続に法令定款違反の瑕疵があることになります。

◆同意がない場合の議決の効力

招集手続に法定定款違反の瑕疵がある場合には、瑕疵ある招集手続の下での社員総会でなされた議決も、原則として無効ということになります。

もっとも、招集手続の瑕疵は、その程度が大きいものから、軽微なものまで様々であって、総会での議決の効力を一律に無効とするのも実体にそぐわないといえるでしょう。

この点、NPO法が準用している民法上の社団法人の招集手続の瑕疵については、手続規定の違背がある場合においても、決議の瑕疵がその性質・程度からみて軽微で、決議の結果に影響を及ぼさないと認められるときは、その決議は無効とはいえないと解するのが相当であるとする見解もあります（藤原弘道『新版注釈民法（２）』414頁）。

また、社団法人の社員総会における招集手続違反の決議の効力について、「結局は招集手続の瑕疵の種類、程度その他総会における提案並びに決議の方法等諸般の事情に照らして、法が総会を通じてする社員の社団管理の権限を保護しようとした趣旨を著しく没却することになるかどうかによって判断することが妥当である」とする裁判例もあります（東京高裁判決Ｓ26．12．22）。

民法上の社団法人の社員総会についての規定を準用しているNPO法人についても、同様の利益状況はあるのであり、NPO法人の社員総会についても同様な解釈が可能であると考えられます。

したがって、NPO法人においても、招集手続に定款・法令違背がある場

合、原則として議決は無効となりうるものの、議決の瑕疵がその性質・程度からみて軽微で、議決の結果に影響を及ぼさないと認められるときは、その議決は無効とはいえない、と考えることができるでしょう。具体的には、期間短縮の同意を行わなかった社員が少数であり、当該社員が社員総会に出席して賛否を表決しても、結果に影響がないような場合には、当該社員が欠席のままでなされた議決が無効とまではいえないと考えられます。

4-8
書面表決制度

Q 社員総会を欠席する社員に対し、書面による表決を認めているNPO法人は、どのようにしてその表決を認めればよいですか。

A 社員総会を欠席する社員に対し、書面による表決を認めているNPO法人における書面表決の方法を定めた法律上の規定は特にありません。予め、狭義の招集通知書と一緒に議案書及び書面表決書を同封して社員に対して送付し、書面表決書を返送してもらうことにより、書面による表決を認めるようにするというのも一案です。

【解　説】
◆書面表決制度

　社員が社員総会で決議に加わる権利は、社員の権利の中でももっとも重要なものであり、社員自らが社員総会に出席し、討議に参加し、自ら表決を行うというのが本来の姿であると考えられます。しかし、「この建前を厳格に貫くと、たまたま自ら総会に出席することができない社員は、表決権を行使することができず、また、そのために総会に流会になるおそれも生じる。そこでこのような不都合を避けるため、特に例外的に表決権の代理行使と書面による行使の方法を認めた」（藤原弘道『新版注釈民法（2）』421頁）のが、民法65条2項の趣旨であると考えられます。NPO法は、民法65条を準用しています（NPO法30条）。

　もっとも、これらの制度は、「法によって特に例外的に認められた方法に過ぎないから、定款によって書面又は代理人による表決権の行使を禁じた場合は、このような方法によることはでき」ないことになります（前掲、藤原421頁）。モデル定款では、特に制限を設けずに、書面による表決権の行使を認めています（モデル定款28条2項）。

◆書面表決制度と添付書類

既に解説しているとおり、書面表決制度を認めていても、当然に書面表決書を招集通知書と一緒に社員宛に送付しなければならないということにはなりません。社員からの欠席の通知を受けてから書面表決書を送付するという運用を行っても、法令・定款違反ということにはならないからです。

　しかし、前述のとおり、招集通知発送と社員総会開催日までの間にあまり期間がないことを考えると、書面表決書は、社員総会招集通知と一緒に社員に対して送付することが望ましいし、そのようにしてこそ、書面表決制度は実効性あるものになると考えられます。

　さらに、書面表決を行う前提としては、議決内容である議案も社員が理解していなければならないのであって、書面表決書と一緒に、議案書も、社員に対して送付する必要があるものと考えられます。

　したがって、書面表決制度を採用しているＮＰＯ法人では、予め、狭義の招集通知書と一緒に議案書及び書面表決書を同封して社員に対して送付し、書面表決書を返送してもらうことにより、書面による表決を認めるようにするというのも一案です。

4—9 書面表決書

Q 書面表決書の例を教えてください。

A 書面表決書の一例は、解説記載のとおりです。

【解 説】
◆書面表決書の記載例

　書面表決書は、社員が自ら社員総会に出席して議決を行うのと同様の効果を有するものですから、議案に対する賛否が明確になるようにする必要があります。もっとも、賛否記載されずに返送される議案もあるので、その場合に備えて、賛否が明確ではない場合にその表決書をＮＰＯ法人としてどのように扱うかも明示しておく必要があります。

・・・・・・・・・・・・・・・・・・・・・・・・・・・・・・・・・・

書面表決書

特定非営利活動法人〇〇〇〇〇〇〇　御中

　私は、平成〇〇年〇月〇〇日開催の特定非営利活動法人〇〇〇〇〇〇〇第〇回通常社員総会に出席できないところ、各議案につき次のとおり表決致しましたので、書面をもって提出致します。

平成〇〇年〇月〇〇日

議案番号
　　第１号議案　　平成〇〇年度事業報告書、財産目録、　賛　否
　　　　　　　　　貸借対照表及び収支計算書承認の件
　　第２号議案　　平成〇〇年度事業計画承認の件　　　　賛　否
　　第３号議案　　平成〇〇年度収支予算承認の件　　　　賛　否
　　第４号議案　　定款第〇条変更の件　　　　　　　　　賛　否

第5号議案　　理事〇名選任の件　　　　　賛　否
　　　　　（次の候補者を除く）

第6号議案　　監事〇名選任の件　　　　　賛　否
第7号議案　　役員報酬支給の件　　　　　賛　否

　　　　　住　所
　　　　　氏　名　　　　　　　　　　　　　印

記載上のお願い
1　社員総会にご出席頂けない場合には、賛否欄に〇印を表示され、会員申請の際の印鑑によりご捺印の上、平成〇〇年〇月〇〇日までに到着するようにご返送下さい。
2　〇印以外の記号でのご記入であっても、賛の欄に表示がある場合には、その表示は賛成とみなします。
3　賛否の表示がない場合又は賛否双方に表示がなされている場合には、「賛」の表示として取り扱います。
4　第5号議案の各候補者のうち、一部の候補者を否とされる場合には、賛に〇印をご表示頂き、その下の余白部分に否とされる候補者の番号を記載してください。

　　　　　　　　　　　　　　　　　　　　　　　　　　　以上

4-10
委任状

Q 招集通知に添付する委任状の例を教えてください。

A 委任状の一例は、解説記載のとおりです。

【解　説】
◆代理権授与の方法

　表決権を代理人に授与するには、一般の委任と同様、委任状を作成するというのが通常でしょう。また、表決権を授与するには、「開催日時や会議の目的たる事項の決まった特定の総会について、かつ、その事項に関してのみなされるものであって、委任状にもその旨の表示を必要とすると解すべき」とされます（藤原弘道『新版注釈民法（2）』422頁）。

　委任状の例は、次のとおりです。

・・・・・・・・・・・・・・・・・・・・・・・・・・・・・・・・・・・・

委任状

特定非営利活動法人○○○○○○○　御中

　　私は、　　　　　　　　　氏を代理人と定め、次の権限を委任します。

　平成○○年○月○○日開催の特定非営利活動法人○○○○○○○第○回通常社員総会に出席し、次の議案につき私の指示に従って議決権を行使すること

第1号議案	平成○○年度事業報告書、財産目録、貸借対照表及び収支計算書承認の件、	賛	否
第2号議案	平成○○年度事業計画承認の件、	賛	否
第3号議案	平成○○年度収支予算承認の件、	賛	否
第4号議案	定款第○条変更の件、	賛	否

第5号議案　　理事〇名選任の件、　　　　　　賛　否
　　　　　　（次の候補者を除く）

第6号議案　　監事〇名選任の件、　　　　　　賛　否
第7号議案　　役員報酬支給の件、　　　　　　賛　否
　　　　　　　　　　　　　　　　　　平成〇〇年〇月〇〇日

　　　住　所
　　　氏　名　　　　　　　　　　　印
　　　（ご捺印は、会員申込の際の印鑑でお願い致します）
・・・・・・・・・・・・・・・・・・・・・・・・・・・・・・・・

4－11
議案の変更

Q 社員総会招集通知発送後に理事の候補者が死亡したため、理事選任の件の議案の変更をしなければならなくなりました。どのように対処すればよいでしょうか。

A 理事候補者の死亡により、新たな理事候補者を選任する旨の議案にするため、議案としては変更が必要な場合でも、招集通知書に記載した「会議の目的及び審議事項」としては変更が必要ないのであれば、任意に社員総会招集通知に添付している議案書の追加・修正を社員総会前に社員に到達させることで対処することが可能です。

【解　説】
◆招集通知の内容の変更
　招集通知発送前に、招集通知の内容の変更や、誤字等のミスの訂正が必要になる場合には、作成し直しや、訂正文を同封するなどして対応すればよいでしょう。
　招集通知発送後に、招集通知の内容の変更が必要となった場合であっても、社員総会開催日までに余裕があり、定款で定めた招集期間を遵守して追加の招集通知を発送できるのであれば、既に発送した招集通知を撤回して新たな招集通知を発送したり、招集通知の訂正や変更の通知を社員に対して発送するなどの方法で対応することが可能です。また、全社員から招集期間短縮の同意を得ることができれば、定款に定めた招集期間前に招集通知を発送できなくても、短縮の合意に従って、既に発送した招集通知を撤回して新たな招集通知を発送したり、招集通知の訂正や変更の通知を社員に対して発送するなどの方法で対応することも可能です。
　しかし、そのような方法による対応ができない場合には、既に発送した招集通知の内容を変更することはできないと考えられます。

◆「会議の目的及び審議事項」は変更不要な場合

　もっとも、モデル定款によれば、社員総会招集のために、招集期間である5日前までに通知しなければならない事項は「会議の日時、場所、目的及び審議事項」ですから（モデル定款24条3項）、決議内容である議案そのものの通知は、必ずしも招集期間に拘束されるものではありません。社員の準備の便宜のために、議案書も招集通知書と一緒に社員に送付するのが望ましいだけであって、モデル定款のような規定の定款では、議案書の送付は義務ではなく、また、招集期間には拘束されません。

　そうだとすれば、決議内容である議案は変更が必要であっても、招集通知書に記載した「会議の目的及び審議事項」には変更がないのであれば、議案の変更は可能であると考えられます。既に到達している議案を撤回するには、社員総会までに新たな議案が社員に到達している必要はあると考えられますが、逆に、社員総会までに議案を社員に到達させることによって、議案の変更を行うことは可能だということです。

　したがって、社員総会の招集通知に「会議の目的及び審議事項」として「理事3名選任の件」と記載し、議案書に候補者としていた者が死亡した場合であっても、「会議の目的及び審議事項」としては「理事3名選任の件」であるならば、死亡した候補者を理事候補とした議案を撤回し、新たな者を理事候補者とする議案を社員総会前に社員に到達させることによって対応することが可能であると考えられます。

　なお、議案の変更を行う時間的余裕がない場合には、その社員総会では従前の議案のままであり、新たな者を理事の候補者とすることはできません。この場合、死亡した者は理事にできませんから、死亡した候補者を議案から撤回して選任員数を減ずることはやむを得ないと考えられます。株主総会での議案ではこのような撤回は問題ないとされており（永井恒男『新訂第三版株主総会ハンドブック』448頁）、ＮＰＯ法人の社員総会の議案でも同様に考えることができるでしょう。なお、議案の撤回によって理事の員数が定款所定の員数より少なくなる場合には、理事長は、臨時社員総会を開催して速やかに理事を選任するか、仮理事選任の手続（民法56条）を行わなければなりません。

4-12
社員総会招集権者の入院

Q 定款上、社員総会の招集は理事長が行うと定めてあるNPO法人において、理事長が事故で入院中となってしまった場合には、社員総会の招集をどのようにすればよいのでしょうか。

A 入院中の理事長の意思を確認することが可能であれば、理事長の承諾を得て理事長名義で招集通知を行うことができますし、定款に理事長が事故の際の規定があれば、その順序に従って、他の理事が招集通知を行うことが可能です。定款に理事長事故の際の規定がない場合には問題になりますが、やむを得ない事情があれば、他の理事が招集することができると解されます。

【解　説】
◆社員総会の招集権者
　法は、社員総会の招集権者について、監事が招集する場合を除き、法人の「理事」が招集する旨を定めています（通常総会につきNPO法30条、民法60条、臨時総会につきNPO法30条、民法61条1項）。
　したがって、社員総会の招集権者について定款に特に規定が置かれていない場合には、NPO法人の内部的な肩書きである理事長に限らず、法律上の理事であれば、誰でも社員総会の招集権者となることができます。これは、理事長が事故で入院してしまった場合であっても同様です。

◆定款の規定
　もっとも、モデル定款のように、社員総会は「理事長」が招集する旨の規定（モデル定款24条1項）を置いているNPO法人では、理事長に事故があった場合の取り扱いが問題になります。法令・定款の所定の手続によらずに社員総会を招集した場合には、招集手続に瑕疵があることになり、場合によっては、当該社員総会での議決が無効とされる可能性が生じてしまうからです。

この点、まず、理事長が入院したといっても、理事長の意思が確認できるかどうかが問題になります。社員総会の招集通知を理事長が行うこととされているといっても、他の者が補助者となって事務手続きを代行することは可能ですから、理事長の意思が確認できる状態であれば、理事長から承諾を得て、理事長名義で招集通知を行うことが可能です。

理事長の意思が確認できないような場合には、問題は深刻になります。

もっとも、モデル定款のように、理事長が事故になって職務を遂行できない場合に備え、あらかじめ定款に理事の中での職務代行の順序を規定している場合（モデル定款15条2項）には、当該規定に従うことによって、対応することが可能です。即ち、あらかじめ定められた順序によって職務を代行することが決められている理事が招集通知を行うことが可能です。社員総会招集を決める理事会の招集についても、総会招集そのものについても、当該理事が代行して行うことになります。

定款に、社員総会の招集権者を理事長とする旨の規定はあるものの、理事長の職務代行の規定がない場合には、問題です。

社員総会の重要性を前提とすると、理事長が事故であるからといって社員総会の招集ができないというのは適切ではないでしょう。そもそも法律が社員総会の招集権限を「理事」に与えていることからすると、招集権者を「理事長」とする定款の規定は、あくまでも理事長が健在である状態を想定した規定であって、理事長が事故であることを想定していない規定であると解釈すべきでしょう。したがって、定款で招集権者とされている理事長に事故があって社員総会を招集することができないやむを得ない状態である場合には、法律の原則にもどって、理事の誰であっても、社員総会を招集できると考えるべきでしょう。

以上のように、理事長が事故の際の職務代行の規定がない状態で招集権者である理事長が事故である場合には、やむを得ない事情がある場合として他の理事が社員総会の招集を行うことができるものと考えられます。もっとも、理事の間で紛争がある場合には、円滑に招集が行われない可能性もありますから、定款に理事長が事故の場合の職務代行の規定を設けておくべきであると考えられます。

4−13
招集通知の不達

Q 招集通知を発送したところ、社員が住所変更をNPO法人に届け出ていなかったため、返送されてきました。この場合、社員総会招集手続に瑕疵があることになりますか。

A 社員総会招集通知が、社員総会開催日までに、結局当該社員に到達しない場合には、社員総会招集手続には瑕疵があると判断せざるを得ません。しかし、所定の招集通知期間前に、当該社員がNPO法人に届け出ていた住所地に向けて発送しており、不達の社員数がわずかであって開催された社員総会での議決に影響しないのであれば、招集通知に瑕疵があるとしても、当該社員総会での議決は無効ではないと考えられます。

【解　説】
◆社員総会招集通知の発送

　社員総会招集手続について法は、招集通知を「少なくとも5日前に」会議の目的事項を示して定款に定めた方法に従って行うことを規定しています（NPO法30条、民法62条）。当該規定は、少なくとも5日前には招集通知を発することを要すると解釈するのが通説的見解であって、5日前までに社員に招集通知が到達していることまで要求されているわけではありません（藤原弘道『新版注釈民法（2）』405頁）。

　しかし、当該規定は、社員総会の会日と招集通知の発送との間に少なくとも5日間の期間を置くのであれば、社員に招集通知の到達が会日の5日前までになされていなくてもよいことを規定しているのであって、招集通知が社員に到達しなくても問題ないとしている規定ではありません。

　発送した招集通知が、郵便業務の何らかの不備により社員総会の会日までに届かない場合も考えられますし、社員の転居等がなされていてそれをNPO法人に届け出ないために招集通知がそもそも返送されてしまう場合も考え

られます。このような場合、社員総会の招集手続に瑕疵があることにならないのかどうかが、ここでの問題です。

◆招集通知の不達
　株式会社における株主総会の招集通知に関しては、商法で、株主名簿上の住所に通知を行えば、通常到達すべき時に到達したものとみなす旨の規定がなされています（商法224条2項）。したがって、株主名簿上の住所地に通知を発送していれば、招集通知が延着したり、不達となった場合であっても、通常の到達すべき時に社員に到達したものとみなされることになるため、招集手続に瑕疵が生ずることはありません。
　しかし、ＮＰＯ法及び民法には、社員総会の招集通知が延着又は不達となった場合の効果について特に規定がなされていません。
　社員総会の招集は意思表示ではないとする通説的見解を採ったとしても、招集通知が社員総会の準備及び出欠の判断のためになされるものである以上、招集通知は社員に到達していなければ招集通知が適法になされたものとはいうことができず、招集通知が社員の到達しなければ、延着や不達について特別な規定がない以上、招集手続としては、瑕疵あるものとなるでしょう。もちろん、定款において、社員がＮＰＯ法人に届け出た住所に招集通知を発送していれば、招集通知の延着や不達の場合であっても通常に到達したものとみなす旨の規定を置いておけば問題ありません。しかし、モデル定款のように、とくに規定を設けない場合には、招集通知の不達は、招集手続の瑕疵となると解されます。

◆瑕疵ある招集手続に基づく社員総会での議決
　もっとも、招集手続に瑕疵があっても、当該手続に基づいて開催された社員総会での議決の効力については、別途考慮する必要があります。手続的瑕疵には、重大な瑕疵から軽微な瑕疵まで様々あるからです。「手続規定の違背がある場合であっても、決議の瑕疵がその性質・程度からみて軽微で、決議の結果に影響を及ぼさないと認められるときは、その決議は無効とはいえないと解するのが相当」（前掲、藤原414頁）です。

したがって、所定の招集通知期間前に、当該社員がＮＰＯ法人に届け出ていた住所地に向けて発送しているのであれば、瑕疵は軽微であり、不達の社員数がわずかであって開催された社員総会での議決に影響しないのであれば、招集通知に瑕疵があるとしても、当該社員総会での議決は無効ではないと考えられます。

　なお、招集通知が不達であったとしても、当該通知の対象となった社員が社員総会に出席している場合には、瑕疵は治癒されたものとして扱って問題ありません。

4—14
電子メールによる招集通知

Q 社員総会の招集通知を電子メールで送付しても問題ないでしょうか。

A 社員総会の招集方法は、定款の規定に従うことになります。したがって、定款に電子メールでの招集が可能である旨の規定がある場合には、社員総会の招集を電子メールで行っても何ら問題ありません。しかし、定款において、招集通知を書面で行う旨が規定されている場合には、定款変更を行わない限り、電子メールでの招集通知の送信は、招集方法についての定款違反となります。

【解　説】
◆社員総会の招集方法

　社員総会の招集方法について、法は、原則として理事が行うべきこと（NPO法30条、民法60条・61条）、少なくとも社員総会の開催日の5日前に、会議の目的事項を示して定款に定めた方法で行うこと（NPO法30条、民法62条）を要求しているだけで、他に規定を置いていません。即ち、社員総会の招集方法に関するその他の事項については、各NPO法人の定款に委ねられています。

◆招集方法に関するモデル定款の規定

　モデル定款は、社員総会の招集について、「会議の日時、場所、目的及び審議事項を記載した書面により」通知すべきことを規定しています（定款24条3項）。そこで、モデル定款と同様な規定の定款を有するNPO法人においては、「電子メール」がここでの「書面」と解釈することが可能かどうかが問題になります。

　確かに、電子メールは今や日常的なコミュニケーションのツールとなっていて、郵送の書面に勝るとも劣らない頻度で利用されつつあるうえ、電子

メールの受信者は、プリントアウトして当該電子メールを保存することも可能であるため、電子メールを定款における「書面」と解釈することが、全く不合理な解釈とまではいえないでしょう。

しかし、「書面」は、従来から有体物である紙を表す概念として捉えられて来たのに対し、電子メールはあくまでも電磁的な記録の一態様ですから、電子メールと書面とを同じ文言で扱うことには無理があります。また、商法では、株主総会の招集通知等において、現在のIT化に合わせて電子メール等による通知を認める方向で法改正作業が進められていますが、その中でも、電子メールと書面とは区別されていることからしても、社員総会の招集通知についても同様に解すべきと考えられます。

よって、モデル定款と同様な規定の定款を有するNPO法人においては、電子メールによって社員総会の招集通知を送信しても、「書面」によって通知を行ったことにはなりませんので、このような招集通知は定款違反になるものと考えられます。

◆電子メールによる招集通知の可否
　NPO法は、現在のところ、電子メールでの招集通知の可否については何ら規定していません。

　しかし、そのことは、法がおよそ電子メールを利用した社員総会の招集を認めていないということにはなりません。定款で電子メールでの招集が可能である旨の規定を設けておけば、その規定に従って電子メールでの招集が可能になります。モデル定款のような規定の定款を有しているNPO法人は、定款変更の手続を採ることによって、電子メールでの招集を可能とする規定を設けることになるでしょう。

　但し、社員総会はNPO法人の最高意思決定機関であり、社員総会の招集は、社員が社員総会での意思決定を準備したり、出欠を判断する上で、重要な手続です。

　したがって、電子メールを利用していない社員がなお存在するであろうことを念頭に置けば、招集通知を電子メールで行うことが可能であるとしても、あくまでも書面による招集通知と選択的であるべきであり、その選択権

は社員に与えるような定款の規定にしておく必要があるものと考えられます。

　社員総会の招集は電子メールでのみ行うとの定款規定を設けて、結果的に電子メールを利用していないために招集通知を受けられない社員がいる場合には、当該社員には社員総会の招集通知を行ったことにはなりません。

　したがって、このような場合には、招集手続に瑕疵があることになり、しかもその瑕疵は、当該社員の社員総会への出席の機会を全く奪うものですから、重大な瑕疵となります。

　招集手続に重大な瑕疵がある場合には、当該社員総会での議決は無効になるものと考えられますから、注意が必要です。

第5章　社員総会の進行

5－1　社員総会の準備
5－2　社員総会出席者の把握
5－3　書面表決書と社員総会への出席
5－4　定型委任状を用いない代理人
5－5　書面表決書と代理人
5－6　社員総会途中での入退場
5－7　社員総会の進行
5－8　議長の権限
5－9　議案の審議
5－10　質疑応答での対応
5－11　社員総会での説明範囲
5－12　動議の扱い
5－13　表決の委任
5－14　代理委任状への押印
5－15　代理人のみが出席する社員総会の有効性
5－16　社員総会での可決要件
5－17　理事候補者の減員
5－18　招集通知の記載漏れと議案の追加
5－19　電子メールによる議決権行使
5－20　利害関係人と社員総会の議決

5-1
社員総会の準備

Q 社員総会当日に備えて行っておくべき準備には、どのようなことがありますか。

A 社員総会当日までに、社員の総会当日の出席予定状況の確認、当日の会場設営や会場案内の準備、総会進行の打ち合わせ等の準備を行っておく必要があります。

【解　説】
◆社員の出欠状況の確認

　社員総会招集通知は、発送してしまえばそれでおしまい、というものではありません。招集通知を発送してからは、事務局としては、社員総会当日の社員のおおよその出欠状況を把握しておく必要があります。

　社員総会では、種々の議案を社員に審議・議決してもらうことになりますが、その前提として、定款等で社員総会の定足数を規定していることがあります。この定足数を満たさなければ、有効な総会での議決を得ることができません。例えば、モデル定款に準じた規定の定款を有するＮＰＯ法人では、正会員（社員）の２分の１以上の社員の出席がなされなければ、総会での議決要件を満たすことができません（モデル定款26条）。

　そこで、事務局としては、予め、社員総会への出欠の状況を確認し、欠席者には、委任状の提出や、書面表決書の提出を促す等して、定足数を満たして有効な社員総会を開催することができるように準備をする必要があります。

◆会場準備等

　社員総会の規模にもよりますが、ある程度多人数の社員が出席するようなＮＰＯ法人では、会場準備も適切に行う必要があります。事前に会場内のレイアウトを準備し、会場案内の表示、受付場所、受付方法を確認し、会場内

への誘導方法も検討しておく必要があります。ＮＰＯ法人の社員総会が形式張るのは避ける必要があると考えられますが、それでも、社員総会は、社員が一堂に会してＮＰＯ法人の運営を検討する数少ない場ですから、当日の社員総会が円滑に開始できるように、十分に事前準備を行うべきであると考えられます。

　社員の確認は、社員名簿とつきあわせて行うことになるでしょうから、社員総会招集通知を送付した社員の名簿を準備しておく必要もあります。顔と名前が一致しない社員についてどのように本人確認を行うかも事前に検討しておく必要があります。招集通知と一緒に送付した議決権行使書の提出を求めるのであれば、議決権行使書等に社員総会に出席する場合には議決権行使書を持参するように求める記載をしておく必要がありますし、議決権行使書を持参してこなかった社員の本人確認をどう行うかも検討しておく必要があります。

◆社員総会の進行の打ち合わせ
　ＮＰＯ法人の社員総会が形式的なものになってしまうことは避けるべきでありますが、社員総会が一定数の人数による会議である以上、事前に社員総会の進行について、事務局や理事の間で打ち合わせを行っておく必要はあるでしょう。進行についての打ち合わせがないと、本来当該総会で行うべきであった手続を忘れたり、ひどい場合には、一部の議案の審議を飛ばしてしまうこともありえます。また、株主総会のように事前に想定問答を作成する必要があるＮＰＯ法人はほとんどないと考えられますが、社員からの適切な質問に対して、ＮＰＯ法人側で回答ができないようでは、何のための社員総会だかわからなくなってしまいます。円滑な社員総会の進行のために、事前の打ち合わせは綿密に行って下さい。

5-2
社員総会出席者の把握

Q 社員総会当日の出席者数の把握はどのように行いますか。

A 社員総会の出席者数は、書面表決書提出者、委任状による出席者、本人出席者を合計して把握します。

【解　説】
◆出席者数の確認

　社員総会における出席者数の確認は、社員総会開催のための定足数が定められている場合には特に重要であり、また、議案の可決要件の基準となる数としても重要です。

　そのため、NPO法人の社員総会事務局としては、社員総会開催時点での出席者数を速やかに把握しておく必要があります。

◆書面表決書

　書面表決書制度を排除していないNPO法人においては、社員総会当日に出席することができない社員であっても、書面表決書を行使することによって、議案に賛否を表すことが可能です（NPO法30条、民法65条2項）。書面表決では、社員総会に欠席しても賛否どちらかに表決権を行使できるので、出席社員としてカウントされることになります。

　表決という行為の性質上、実際に社員総会で表決がなされるまでは書面によって表決権を行使することは可能とも考えられますが、他方で、円滑な社員総会の進行は社員全員の利益に合致することですから、社員総会当日の議事進行を円滑に行うために、NPO法人の事務局の準備の都合上、前日にNPO法人に到達した書面までを表決権の行使として扱うと予め社員に通知しておくことも特に問題はないでしょう。但し、具体的な事情の下で、NPO法人側の判断で、社員総会当日の社員総会開始前に到達した書面表決書を出席社員と認めることも、社員の権利行使を制限するものではない以上、可能

であると考えられます。

◆**代理人による出席**
　代理人による社員総会出席を排除していないNPO法人では、本人以外の者が、本人の委任状によって社員総会に出席することができますから、この場合にも、出席者と数えることになります。
　モデル定款に準じた規定の定款を有するNPO法人では、代理人は「他の正会員（社員）」に限定されている（モデル定款28条2項）ので、その要件を満たしているかも確認が必要です。ここでの「他の正会員（社員）」は、自ら本人として出席する分と、代理人として出席する分と、複数の人数分となることに留意が必要です。
　なお、法人社員の場合に、代表者が出席できない場合は、「他の正会員（社員）」でなければ代理人として出席できないとすると、法人本人の社員総会出席の機会を著しく減らすことになってしまいます。法人の場合には、その従業員はその法人の意向に従う職務上の義務を負っていると考えられますから、「他の正会員（社員）」しか代理人として認めない旨が定款で規定してあっても、従業員の代理を認めるべきであり、認めたとしても、定款の趣旨に反した取り扱いにはならないものと考えられます。

◆**本人の出席**
　小規模なNPO法人で、社員の顔と名前がお互いに一致しているような場合には、本人確認については特に問題はありません。
　しかし、ある程度規模が大きいNPO法人の場合には、本人確認は重要な問題になります。社員以外の者が定足数に加えられたり、議決に参加すると、場合によっては、社員総会決議そのものが無効であると解される場合もありえます。
　本人確認としては、それぞれのNPO法人で実状にあった方法で行うことになるでしょう。住所と氏名を申告してもらって、社員名簿とつき合わせるのも一案ですし、名前と共に議決権行使書等の書面を提示してもらうというのも一案です。

5-3
書面表決書と社員総会への出席

Q 書面表決書を事前に提出していた社員が社員総会当日に会場に来た場合には、どのように対処すべきですか。

A 書面表決の撤回を認め、社員総会への出席を認めるべきであると考えられます。

【解 説】
◆書面表決の撤回

　法に規定された書面表決制度を排除していないNPO法人の社員は、社員総会に出席できない場合には、書面によって社員総会での議案への賛否の表決を行うことが可能です（NPO法30条、民法65条2項）。モデル定款に準じた規定の定款を有しているNPO法人では、書面表決ができることになっています。

　「書面」表決ですから、議案に対する賛否を示した書面が、当該社員からNPO法人に社員総会までに送付されることになります。問題は、書面表決がなされた場合に、その撤回を認めるかどうかということです。

　社員総会を運営する側としては、書面表決という形であれ社員が議案に対する自らの意思決定を行っているのであり、社員の権利は守られているとも言えるうえ、撤回を認めると事務手続きが煩瑣になるということもあって、書面表決の撤回を認めたくないという思いもあるでしょう。

　しかし、社員が社員総会に出席し、審議に参加し、その上で議案に対する賛否の表決を行うというのは、最も基本的な社員の権利です。書面表決制度は、社員総会に出席することができない社員の代替的な手段であって、社員総会に出席できるのであれば、本来の権利行使を認めるべきでしょう。

　書面表決書を事前に提出していたとしても、社員総会当日に会場に来た場合には、自ら社員総会での審議に参加し、表決を行いたいという意思が明確です。そのような場合には、書面表決の撤回を認め、社員総会への出席を認めるべきであると考えられます。

5-4
定型委任状を用いない代理人

Q 社員総会当日に、予め招集通知に同封していた形式の委任状とは異なる委任状によって委任されたことを示している代理人についても、社員総会への出席を認めなければなりませんか。

A 法は、代理人による表決権行使についての委任状の形式については何ら規定していません。したがって、定款に特に予めNPO法人が送付した委任状によらなければ代理人による表決権行使を認めない旨の規定が定めていない限りは、どのような委任状であっても、社員から代理権が授与されたことを示している者については、社員総会への出席を認めなければなりません。

【解　説】
◆代理人による表決権の行使

　NPO法人では、株式会社とは異なり、社員の個性が重視されます。したがって、NPO法人における最高意思決定機関である社員総会においては、社員が自ら出席し、意思を表明するのが原則です。しかし、この原則を厳格に貫くと、社員総会に出席できない社員は議案に意思を全く反映させることができなくなり、また、社員総会そのものが成立しない場合もあり、不都合な事態が生じます。そこで、法は、社員の本人出席の例外として、書面による表決権の行使と代理人による表決権の行使を認めています（NPO法30条、民法65条2項）。もっとも、この書面表決制度や代理人による評決制度は、法によって特に例外的に認められた方法ですので、定款によって、排除したり、制限することも可能です（NPO法30条、民法65条3項）。

◆委任状の送付

　定款によって代理人による表決権の行使について制限を行っていないNPO法人では、代理人による表決権行使を実効的なものとするために、社員総

会の招集通知に、書面表決書等とともに、受任者と委任事項(表決における賛否)を書き込むだけで作成することができる委任状の定型用紙を予め送付しておくことが望ましいといえます。

問題は、予め送付していた定型の委任状用紙とは異なる形式の委任状を社員総会当日に示してきた者を代理人として社員総会に出席させなければならないのかどうかということです。

この点、NPO法人の社員総会の管理・運営という観点からは、定型の委任状を提出してもらうことが望ましいということになるでしょう。

しかし、法は、代理人については、単に「代理人を出だすことを得」と規定しているだけで、代理権授与の方法については特に規定していません。

したがって、定款に、例えば予めNPO法人が送付した委任状によらなければならないというような規定がないのであれば、代理権授与については、民法の原則が適用されますから、代理権授与についての書面が制限されることはありません。代理権授与が明らかになるのであれば、どのような委任状を作成しても、その受任者を代理人として処遇しなければならないことになります。

そのため、例えば、委任事項として「平成〇年〇月〇日開催の特定非営利活動法人〇〇〇〇の第〇回通常社員総会に出席し、議決権を行使すること」という包括的な委任がなされている委任状であっても、委任がなされているのであれば、代理権行使として欠けるところはありません。

もっとも、委任事項が包括的であっても明示されている委任状とは異なって、受任者も委任事項も空白であるいわゆる白紙委任状については、注意が必要です。個性が重視される公益社団法人の場合にこの白紙委任状により代理権授与を有効とすることについては疑問とする論者もいる(藤原弘道『新版注釈民法(2)』422頁)ので、同様に社員の個性が重視されるNPO法人についても、慎重に取り扱う必要があるといえるでしょう。実務上は、いわゆる白紙委任状により代理権の授与がなされたことを主張する代理人については、当該代理人が社員本人から授与された権限によって、当該代理人の責任において空白事項を埋めてもらうようにしてもらうのも一案でしょう。

5−5
書面表決書と代理人

Q 書面表決書を提出していた社員に関し、社員総会当日に、委任状を有した代理人が社員総会会場に来た場合には、どのように対処すべきですか。

A 代理人は本人に代わって社員総会に出席するのであり、書面表決制度は、社員総会に出席する者がいない場合の制度と考えられます。したがって、ある社員が書面表決書を提出していた場合であっても、社員総会当日に、当該社員からの委任状を有した代理人が社員総会会場に来た場合には、代理人による議決権行使が優先し、書面表決書は効力を生じないものと考えられます。

【解　説】
◆社員総会に欠席する社員による表決権の行使
　ＮＰＯ法人では、株式会社とは異なり、社員の個性が重視されます。したがって、ＮＰＯ法人における最高意思決定機関である社員総会においては、社員が自ら出席し、意思を表明するのが原則です。しかし、この原則を厳格に貫くと、社員総会に出席できない社員は議案に意思を全く反映させることができなくなり、また、社員総会そのものが成立しない場合もあり、不都合な事態が生じます。そこで、法は、社員の本人出席の例外として、書面による表決権の行使と代理人による表決権の行使を認めています（ＮＰＯ法30条、民法65条2項）。

◆書面表決書と代理人の優先関係
　書面表決制度も、代理人による表決権行使についても、定款で特に定めることによって排除することは可能です。
　しかし、両制度を併存させているＮＰＯ法人では、書面表決書が提出されているのに、社員総会当日に委任状を有した代理人が総会への出席を求める

可能性があり、この場合に優先関係が問題になります。

　ＮＰＯ法30条が準用する民法65条2項は、書面表決制度と代理人による議決権行使とを社員が社員総会を欠席する場合の議決権行使の方法として並列的に記載しているので、優先関係は必ずしも明らかではありません。委任状作成の日付と書面表決書作成の日付を比較して、新しい日付の方が古い日付のものを撤回したものと解して、新しい日付のものを優先するということも考えられないわけではありません。

　しかし、書面表決書が提出されている場合、これはあくまでも社員本人が社員総会に欠席する場合に効力を有するものであり、社員総会当日になって社員本人が社員総会に来た場合には、書面表決書は無効になるものと考えられます。

　この点、代理人による表決権の行使は、代理人を社員総会に出席させることによってなされます。代理人による社員総会の出席により、社員本人は社員総会に出席したものとして扱われることになります。

　書面表決書は、あくまでも、社員本人が「欠席する」場合に効力を有するものですから、代理人であっても、社員総会に出席する者がいて社員本人が欠席したことにならないのであれば、本人出席の場合と同様、書面表決書は無効になるものと考えられます。

　したがって、ある社員が書面表決書を提出していた場合であっても、社員総会当日に、当該社員からの委任状を有した代理人が社員総会会場に来た場合には、代理人による議決権行使が優先し、書面表決書は効力を生じないものと考えられます。

5−6
社員総会途中での入退場

Q 社員総会の開始時刻に間に合わなかった社員も途中から社員総会に参加できますか。また、社員総会に出席している社員は、途中で退席することはできますか。

A 社員総会の最中での入退場は自由です。但し、社員総会の事務局側は、議決権の把握のために、入退場者の数を把握しておく必要があります。

【解　説】
◆社員の途中入退場

　社員総会の招集通知には、社員総会の開始時刻が記載されています。開始時刻が「午前10時」とされている場合には、社員総会としては、定刻である午前10時に始まることになります。しかし、この時刻に遅れた社員がいる場合に、定刻に遅れたことを理由に社員総会への参加を認めないとすることはできません。社員総会への出席は社員の権利であり、これを制限する法的根拠はありません。

　他方、退場についても同様です。社員総会への出席は社員の権利であって、それを義務付ける法的根拠はありません。その権利を行使するかどうか、一部の行使にとどめるのかどうかということは、社員の判断に委ねられていると考えられます。したがって、社員総会に出席している社員が、途中で退席することも認められます。

◆社員の数の把握

　通常、社員総会では、社員総会の開始にあたって出席社員数及び出席と見なされる社員数（書面表決を行っている社員・委任状提出の社員）を社員総会事務局が把握しておきます。これは、社員総会の定足数を満たしているかどうかを判断するためのものであると同時に、個別の議案における可決のた

めの人数を把握するためのものです。
　社員が社員総会中に入退出することは、議決権の数に影響します。したがって、社員総会の事務局では、入退場者の数を逐一把握しておく必要があります。小規模なＮＰＯ法人では、あまり困難なことではありませんが、ある程度以上の社員を有しているＮＰＯ法人の場合には、入退場者の数の把握方法について事前に検討しておくことが必要でしょう。

5―7
社員総会の進行

Q 社員総会の大まかな流れはどのようになりますか。

A 社員総会の大まかな流れは、開会の挨拶→議長の選任→議事録署名人の選任→議案の審議→採決→閉会の挨拶となります。

【解　説】
◆開会の挨拶
　社員総会は、理事長等の開会宣言により始まります。もっとも、議長の開会宣言に先立って、社員総会事務局側で進行上の挨拶を行うのが株主総会や社団の社員総会などでは通例です。即ち、事務局側で「定刻になりましたので、これより本日の通常総会をはじめさせて頂きます。それでは、理事長に開会宣言とご挨拶をお願いします」ということを言った上で、理事長等の開会宣言につなぎます。

　開会宣言では、社員総会を開始する旨を告げたうえで、出席社員数の報告を行い、当該社員総会が有効に開催できていることを明確にします。

　出席社員数の報告は、理事長等が直接報告できるのであれば自ら行い、集計等の事務作業があって事前に理事長等に報告をすることができていないのであれば、理事長等は出席社員数の報告を事務局にさせることもできます。

　出席社員数の報告では、実際の出席社員数、委任状による出席社員数、書面表決書による出席社員数をそれぞれ報告して、社員総会が有効に成立していることを明らかにします。例えば、理事長等が「おはようございます。本日は、ご多用中のところ、多数お集まり下さいまして、まことにありがとうございます。これより、特定非営利活動法人○○○○第○期通常社員総会を開会致します。私は、ただいまご紹介に預かりました理事長の○○○○でございます。まず最初に、社員数について事務局から報告させます」と言ったうえで、事務局側で「本日現在、議決権を有する社員総数は○名、そのうち、本日の出席社員は○名、委任状による出席社員は○名、書面表決書提出

○名、以上○名の社員の方のご出席を頂いております」と報告した上で、理事長等が「以上のとおり、出席社員の総数は、○名であり、議決権を有する社員○名の○分の○（定足数）を超えていますので、本日の社員総会は、有効に成立しております」とするようにします。

　この報告の後、理事長等の挨拶を適宜行うことになります。

◆議長の選任
　法は、社員総会における議長については何ら規定を置いていません。社員総会における議長の定め方については、それぞれのＮＰＯ法人の自治に委ねられています。定款に別段の定めがなければ、出席社員の互選によってこれを定めなければなりません（藤原弘道『新版注釈民法（2）』408頁）。もっとも、モデル定款に準じた規定の定款を有するＮＰＯ法人では、社員総会の都度、正会員（社員）の中から議長を選出することになっていますので（モデル定款25条）、議事に先立って、議長の選任を行う必要があります。

　議長の選任方法についても、それぞれのＮＰＯ法人に委ねられているので、各ＮＰＯ法人毎に、ルールを定めればよいでしょう。開会宣言を行った理事長等が候補者を提案し、社員の賛同を得るという方法でも構いませんし、社員同士でその都度話し合いを行うという方法でも構いません。

◆議事録署名人の選任
　議事録署名人についても、法は特に規定を置いておらず、各ＮＰＯ法人の自治に委ねています。ただ、モデル定款に準じた規定の定款を有するＮＰＯ法人では、議長及び総会において選任された議事録署名人2名が議事録に記名捺印又は署名しなければならないとされているので（モデル定款29条2項）、総会で議事録署名人2名を選任する必要があります。

　議事録署名人の選任の時期は、社員総会の冒頭でも、終了前でも構いません。ただ、議事録署名人は、一般の出席社員以上に、社員総会の進行を把握しておく必要がありますから、その心構えでいることができるように、社員総会の議事前に選任しておくことが望ましいと考えられます。

◆議案の審議及び採決
　以上のような手続を行った後に、社員総会の本題である議案の審議に入ります。審議を行い、機が熟したと議長が判断した段階で、採決を行います。

◆閉会の挨拶
　採決が終わると、社員総会の目的は達成されたことになります。議長は、閉会の挨拶を行います。
　社員総会終了の後、新たな役員を紹介する場合には、その旨を付け加えておくとよいでしょう。例えば「以上をもちまして、本日の社員総会に提案させていただきました議案の審議は全て終了致しました。社員の皆様方には、ご多忙中にもかかわらずご出席を賜り、誠にありがとうございました。これをもちまして、本日の社員総会は閉会とさせていただきます。なお、先ほど新たに選任されました理事は次のとおりです」として新たな理事を紹介するのも一案です。

5—8
議長の権限

Q 社員総会の議長には、どのような権限がありますか。

A 社員総会の議長は、議案の提出・質疑応答・動議の提出・討論・表決などについてその進行を指揮し、議場の整理を行う権限を有しています。

【解　説】
◆議長の権限

　社員総会であろうと、株主総会であろうと、会議には、議事を整理する議長が必要です。

　民法上の社団法人における社員総会の議長の職務権限は、総会の開会・閉会を宣言し、議案の提出・質疑応答・動議の提出・討論・表決などについてその進行を指揮し、議場の整理をすること（藤原弘道『新版注釈民法（2）』408頁）といわれていますが、これは、NPO法人でも全く同じです（もっとも、議長を社員総会の中で選任する場合には、社員総会の開会宣言は、議長が選任されるまで司会を務める理事長等が行うことになります）。

　株主総会の議長についても、同様に議長の権限についての議論がなされています。株主総会の場合には、総会屋対策という側面が強く意識され、そのために議長の総会秩序の維持という側面が強く打ち出されることが少なくありません。

　NPO法人の場合には、そのような総会屋対策ということを考える必要がほとんどないので、ことさらに総会の秩序維持ということを強調する必要はないと考えられます。しかし、審議している議案とは無関係な発言があったり、著しく粗暴な発言や行動がなされたり、著しく長時間に及んで質問が繰り返されるという場面があれば、議長は、総会の秩序維持のために、当該社員に注意をしたり、行動の制止をしなければならないという場面もありうるということも、念頭に置いておく必要があります。

◆議事進行

　議案に対する質疑応答の整理は、議長に求められる重要な役割です。いたずらに形式に流れるのは問題ですし、かといって、ダラダラと審議を続けることも、決して社員の利益にはなりません。出席した社員に公平に発言の機会を与え、その質問の意図を適切に把握して回答し、会議を合理的に運営したうえで、議案の成立に向けて努力し、社員総会を閉会することが議長には望まれます。

　社員の発言方法にルールを設けるのであれば、それは明確に社員に伝えなければならないですし、採決にあたっても、議長には、混乱が生じないように細心の注意をもって進行することが望まれます。

5–9
議案の審議

Q 議案の審議は、どのように行いますか。

A 議案の審議は、招集通知記載の議案の順序に従って、提案理由の説明を行い、質疑応答を行った上で、採決することになります。

【解　説】
◆議案の提出

　議案の審議にあたっては、議長が、まず、議案を社員総会に提出しなければなりません。モデル定款に準じた規定の定款を有するNPO法人では、招集通知書には、「会議の目的及び審議事項」が記載されていますが、審議の対象は「議案」ですから、議長は、「会議の目的及び審議事項」の記載を読み上げるだけではなく、その内容である議案を説明して提出しなければなりません。既に招集通知に議案書を添付させているのであれば、必ずしも議案の内容すべてを議長が口頭で説明する必要はなく、議案書の重要部分を説明すれば足ります。

　株主総会では、総会屋対策の問題もあって、議案の提出方法について、全ての議案を一括して総会に提出し、その後、一括して審議する方式（一括上程方式）と、議案毎に総会に提出して審議する方式（個別上程方式）とが実務上採られているという実態があります。しかし、本来、関連性の薄い議案を一括して提出して審議する必然性はないうえ、NPO法人の場合には総会屋対策の必要性もないので、個別の議案毎に議案の提出を行うのが望ましいと考えられます。もっとも、例えば事業計画承認の件と収支予算承認の件は、相互に関連性があり、一括して審議した方が議論が深まるという案件もあります。したがって、このような相互に関連する議案については、一括して社員総会に提出し、一括して審議を行うという方法を採用するのも一案でしょう。

◆提案理由の説明
　提案理由の説明は、議長が行っても、議長の指示で他の理事や事務局の詳しい担当者が行っても構いません。重要なのは、社員が当該議案の提案理由を適切に把握できるようにすることです。

◆審議
　質疑応答を含む議案の審議は、社員総会の中心的な内容です。議長としては、秩序を厳正に保ちつつ、しかし、和やかに議事を進行させなければなりません。議長は、反対意見についても十分に社員総会の場で披瀝できるようにすべきであり、審議の実があがるようにする必要があります。もっとも、社員総会そのものは合理的に運営する必要がありますから、議論が出尽くした時点を見計らって、採決に移る必要があります。

◆採決
　採決の方法について法は何ら規定しておらず、NPO法人毎に適宜行えば構いません。例えば、口頭で議長が「原案に対してご異議ありませんか」と言って賛成が多数であることを確認する方法をとることもできれば、「ご賛成の方の挙手を求めます」として正面から賛成社員が明らかに多いことの確認を求めることもできます（株主総会について、藤原祥二『新訂第3版株主総会ハンドブック』559頁）。賛否が微妙なものは、きちんと賛否を数える必要がありますが、書面表決書や委任状と多数の原案賛成者が認められるのであれば、特に賛成者の数を計算しなくても、「賛成多数」等と認めて構いません。
　議案が可決されれば、議長は、「原案どおり承認可決されました」と宣言して当該議案の審議を締めくくります。

◆議案の修正
　社員総会で審議できる事項は、招集通知記載事項に限られており（NPO法30条、民法64条）、原則として新たな議題を追加して審議することはできません。

動議による議案の修正は、招集通知に記載された「会議の目的事項」（「会議の目的及び審議事項」）はそのままで、議案の内容の変更を行うものですから、法に抵触するものではありません。

　しかし、ＮＰＯ法が準用する民法64条の趣旨は、招集通知の記載によって、社員に表決権行使についての準備機会を与えるとともに、社員総会そのものへの出欠も判断させることにあるので、このような趣旨を没却するような議案の修正を行うことは不可能であると解すべきです（藤原弘道『新版注釈民法（2）』416頁）。

　事前に書面表決書が提出されている場合、書面表決書で「賛」となっている場合は、原案に賛成するものですから、修正された議案に対しては、「否」と扱い、書面表決書で「否」となって原案に反対する場合でも、修正された議案に対する賛成の意思表示はなされていませんから、この場合も修正された議案に対しては「否」と扱うことになります。

5—10
質疑応答での対応

Q 質疑応答では、誰が回答するのですか。

A 議長が自ら回答するか、議長が適宜回答者を指示し、その者が回答することになります。

【解　説】
◆質疑応答の対応者
　株主総会においては、商法が昭和56年に取締役等の説明義務についての規定を定めた（商法237条の3）のに対し、NPO法人における社員総会では、このような規定は法に定められていません。しかし、株主総会における取締役の説明義務は、法の規定を待つまでもなく、条理上当然のことと解されています（藤原祥二『新訂第3版株主総会ハンドブック』573頁）。NPO法人の社員総会においても、理事等は、社員からの質問に対し、説明義務を負うと考えられます。
　社員からの質問に対し、どの理事が回答すべきかは、議長が議事整理権に基づいて判断し、指名を行います。また、場合によっては、理事の説明を補助するために、当該案件に詳しい事務局の者が議長の指名を受けて回答するということもありえますし、そのような方法で回答しても、何ら違法ではありません。NPO法人の理事は、大所高所からの運営アドバイザーであることも少なくなく、個別案件については事務局の方に詳しい者がいる場合もありますから、質問に応じて臨機応変に対応すべきでしょう。
　質問者の方から回答者を指定してきても、議長としてはこれに拘束される必要はありません。あくまでも、議長の判断で、当該質問の回答者としてふさわしい者を、自らの職権で回答者に指名しなければなりません。

5—11
社員総会での説明範囲

Q NPO法人の理事等は、社員総会での質疑応答において、質問の全てに回答しなければならないのですか。

A 社員総会での審議における質問に対し、理事等は、原則としてすべての質問に回答しなければなりません。しかし、議案と関係ない質問など、正当な拒否理由のある一定の質問に対しては回答を拒否することができると考えられます。

【解　説】

◆理事等の説明義務

　株式会社の取締役の場合と異なり、NPO法人の理事には、社員総会における説明を義務付けた法律の規定は存在しません。しかし、株式会社における取締役の説明義務は、条理上当然の義務を法文化したにすぎず、法律によって創設された義務ではないと解されています(藤原祥二『新訂第3版株主総会ハンドブック』573頁)。

　NPO法人においても、理事等は、提出議案に対する社員の質問に対しては、十分に説明を行い、議案に対する社員の賛否の参考になるようにすべきであり、社員の質問に説明する義務を当然に負っていると考えられます。

◆説明義務の範囲

　社員総会はNPO法人における最高の意思決定機関であり、社員総会は、社員の意思を反映する数少ない場面であることを考えれば、社員総会での社員の質問に対しては、理事等は、原則としてその全てに対して回答する義務があると考えられます。

　しかし、社員総会といえども、万能の機関ではありません。議決を行うのは、あくまでも招集通知に記載した会議の目的事項に関してだけであり(NPO法30条、民法64条)、社員総会でいかなることも審議できるというわ

けではありません。

　したがって、社員に認められる質問の範囲も、それに対する理事等の説明義務も自ずから限界があることになります。また、説明することで、プライバシーの侵害となってNPO法人が不法行為責任を問われる可能性があるような場合にも、説明義務を課すことは妥当ではありません。

　商法における株式総会での取締役の説明義務の規定は、他方で、取締役が説明義務を免れる場合を明記しています。即ち、①会議の目的事項に関連しない質問、②株主の共同の利益を著しく害する質問、③説明につき調査を要する質問、④その他正当な事由がある場合等については、説明義務を免れることを認めています（商法237条の3第1項）。

　商法におけるこの規定は、NPO法人の社員総会における理事等の説明義務の範囲を考える場合に、非常に参考になります。

◆会議の目的事項に関連しない質問

　前述のとおり、NPO法人における社員総会で審議の対象となるのは、あくまでも招集通知に記載した会議の目的事項に関してだけであるのが原則です（NPO法30条、民法64条）。したがって、社員の質問の範囲も、理事等の説明の範囲も、自ずと限界があります。会議の目的事項に関連しない質問に対しては、理事等は、説明を拒否できると考えるべきでしょう。

　もっとも、モデル定款に準じた定款規定を有しているNPO法人では、議案の中に、事業報告書等承認の件が含まれていることが通常です。この場合は、NPO法人における事業全体が議案となるので、かなり広範に社員の質問が認められるはずですし、理事等の説明義務も広範なものであると考えられますので、注意が必要です。例えば、理事の個人的な事項を挙げて非難するような質問が出されたような場合には、会議の目的事項に関連しない質問であるとして説明を拒否できるでしょうが、NPO法人の事業に関係する質問であれば、会議の目的事項に関連しない質問であることを理由として理事が説明を拒否することは許されません。

◆社員の共同の利益を著しく害する質問

株式会社の場合には、企業活動を行って利益を挙げ、それを社員に配分することになっており、利益の追求は株主の総意でもあります。したがって、いわゆる「企業秘密」・「営業秘密」といわれるものが株主総会の場で明らかになると、結局は、株主の利益を害することになります。その観点からは、株主の共同の利益を著しく害する質問に対して取締役の説明義務を免除するというのも理解できます。

　他方、ＮＰＯ法人は、非営利であり、株式会社でいうような「営業秘密」というものが概念として存在しないはずなので、そもそも、「社員の共同の利益を著しく害する質問」というものがあるのかどうかがまず問題になるでしょう。

　確かに、ＮＰＯ法人は非営利であり、営業を行っているわけではないので、株式会社のような「営業秘密」はないでしょう。しかし、「社員の共同の利益」というのは、何も営利に限りません。ＮＰＯ法人の社員は、ＮＰＯ法人の目的に共鳴し、その推進することに意味を見いだしてＮＰＯ法人に参加しています。このような社員にとって、ＮＰＯ法人の事業が円滑に行われることは、即ち社員共同の利益です。

　したがって、例えば、行政からの委託事業の受託を他のＮＰＯ法人や株式会社等と争っているような場合に、その内容の詳細を事前に明らかにすると不利になるのであれば、社員総会における質問であっても、「社員の共同の利益を害する質問」として、説明を拒絶できる場合もあるものと考えられます。

◆説明につき調査を要する質問

　ＮＰＯ法人の社員総会であっても、総会中に調査をしなければならないような質問がなされると、円滑な議事進行ができなくなります。実際問題としても、総会中では調査のしようがないということもあります。したがって、このような質問に対しても、理事等は、説明を拒否できるとしても不当ではないでしょう。もちろん、調査を要するかどうかも程度問題であり、当然社員総会で説明すべき質問に対し、単に準備不足であるような場合にまで、説明につき調査を要するとして説明を拒絶することが許されるわけではないの

は、当然のことです。

◆その他正当な理由がある場合
　例えば、介護事業を行っているＮＰＯ法人において、被介護者のリストを明らかにすべしといった質問や、個別に介護の程度を明らかにして欲しいというような質問がなされても、そのような質問に回答することは、プライバシー情報の保護の観点から望ましくない上、場合によっては、契約上の守秘義務違反や秘密漏洩の不法行為責任を問われる場合もあります。したがって、このような正当な理由がある場合には、理事等は説明を拒否できると考えられます。

　以上のとおり、株主総会における取締役の説明義務の例外についての商法の規定を参考に、ＮＰＯ法人においても、社員総会での説明義務の例外を認めることができると考えられます。もちろん、濫用は許されないのであり、質問毎に、議長は、十分に検討して議事を進めなければならないと言えるでしょう。

5−12
動議の扱い

Q 動議はどのように扱えば良いのでしょうか。

A 動議については、議長限りで判断することはできず、議場に諮った上で、その動議の採否を決めます。なお、議案の修正についての動議は、原則として、軽微なもの以外はそもそも審議の対象にならないと考えられます。

【解　説】
◆動議の提出
　社員総会では、議長の指揮のもと、招集通知に記載された議題についての議案を審議し、社員の表決権行使によって議決がなされます。多くの場合は、整然と審議がなされ、議案については、ＮＰＯ法人が提出した議案が可決されることになります。
　しかし、社員総会では、常に簡単に審議が進んでいくとは限りません。社員間に鋭い意見の対立がある議案の場合には、審議手続そのものを巡って紛糾したり、議案の内容を巡って様々な見解が提出されることもあります。このような場合、これらの紛糾は、しばしば、動議という形で会議に提案がなされることがあります。
　このように、社員総会でも、他の会議と同様、審議手続に関する動議や、議案に対する修正動議などが提出されることが考えられます。

◆動議への対処に関する法律の規定
　社員総会での動議にどのように対処すべきかということは、法律には何ら規定されていません。これは株式会社における株主総会での動議についても同様です。
　したがって、動議にどのように対処すべきかは、会議の場面における動議の対処の方法全般の問題と同様に考えることになります。

動議には、大きく分けると前述のとおり、審議手続に関する動議と、議案に対する動議とに分けることができます。

◆審議手続に関する動議
　審議手続に関する動議としては、例えば、議長の審議方針に反対する者から提出される議長不信任の動議や、審議が長時間に及んだときに提出される休憩の動議や審議打ち切りの動議等があります。
　このように、動議が審議手続に関するものであり、議長に議事整理権があるといっても、議長だけの判断でその採否を決定することは許されません。その都度、動議を議場に諮り、社員総会に出席している社員の意思として動議の採否を採決することになります。もっとも、当該動議そのものの採否を諮るという方法のほかに、議長が反対動議を提出する形でその反対動議の採否を諮り、結果として当該動議の採否を行うという方法もあります。例えば、議長不信任の動議が出された場合に、議長から、①「ただいま、議長不信任の動議が提出されましたので、採決致します。議長不信任案の賛成の方は、挙手を願います」とする方法と、②「ただいま、議長不信任の動議が提出されました。私としては、このまま私が議長を行うべきと考えております。そこで、議長信任の動議を提出し、採決を致します。議長信任ということでいかがでしょうか」とする方法とがあります。

◆議案に対する動議
　議案に対する動議は、修正動議という形で提出されることになります。もっとも、前述のとおり、社員総会で審議できる事項は、招集通知記載事項に限られており（ＮＰＯ法30条、民法64条）、原則として新たな議題を追加して審議することはできません。
　動議による議案の修正は、招集通知に記載された「会議の目的事項」（「会議の目的及び審議事項」）はそのままで、議案の内容の変更を行うものですから、法に抵触するものではありません。
　しかし、ＮＰＯ法が準用する民法64条の趣旨は、招集通知の記載によって、社員に表決権行使についての準備機会を与えるとともに、社員総会その

ものへの出欠も判断させることにあるので、このような趣旨を没却するような議案の修正を行うことは不可能であると解すべきです（藤原弘道『新版注釈民法（2）』416頁）。したがって、大幅な内容の議案の変更を伴うような修正動議は、動議として取り上げるべきではありません。改めて臨時総会を開催して対応することになるでしょう。

　軽微な議案の修正の場合には、議案の採決という形で議場に諮らなければなりません。この場合、修正された議案の採否を社員に諮る場合と、原案を先に採決する場合とがあります。原案を先に採決し、原案が可決となれば、論理必然的に修正案は否決ということになるので、原案を先に採決する方法が簡便であるとも考えられます。

◆採決の集計

　動議の場合の採決の集計方法についても、通常の議案の採決の集計方法と何ら変わりはありません。賛否が微妙なものは、きちんと賛否を数える必要がありますが、全体の状況から、賛否の数を判断して構いません。

　書面表決書を提出している社員の扱いは、審議手続に関する動議については、基礎数にも賛否の数にも計上せず、議案の修正動議については、基礎数に参入した上で、原案にどのような態度を示していても、修正案には、否決ということになります（但し、役員選任の件のように、一部賛成としている場合には、一部賛成と修正案が重なる限度で賛成と扱うべきでしょう）。

　委任状を提出している社員の扱いは、審議手続に関する動議については、基礎数に参入して代理人を通じて賛否を明らかにするものとし、議案の修正動議については、基礎数に参入した上で、原案に対して自由に賛否を行える委任がなされている場合には、代理人が賛否を表明し、そうでない場合は、修正案は否決ということになるでしょう（但し、役員選任の件のように、一部賛成の委任を行っている場合には、一部賛成と修正案が重なる限度で賛成と扱うべきでしょう）。

　動議に関する採決を行った後には、議長は、動議に関する採決の結果を宣言し、当該動議の採否を明確にすべきでしょう。

5—13
表決の委任

Q 委任状による表決が認められているNPO法人の場合、社員総会での表決を誰に委任してもよいのですか。

A 代理人による社員総会での表決権行使が認められている場合、定款に特に代理人についての制限が定められていなければ、誰に表決権の行使を委任しても構いません。しかし、モデル定款のように、代理人を社員（正会員）に限定する旨が定款に規定されている場合には、その規定に従わなければなりません。

【解　説】
◆代理人による表決

　書面表決制度の解説で述べたとおり、民法は、社員総会での表決にあたり、書面表決制度に加え、代理人による表決権の行使を例外的に認めており、NPO法はこの規定を準用しています（NPO法30条、民法65条2項）。但し、例外的な制度なので、法は定款により特別な規定を設けることを認めており（民法65条3項）、モデル定款では、代理人を正会員に限定する旨の規定を設けています。

　したがって、モデル定款に準じた定款規定を有するNPO法人では、社員が社員総会を欠席するにあたって、代理人に表決権を委任する場合には、その代理人は、当該NPO法人の社員総会に出席する権利を有している社員でなければならないことになります。

　このような規定の趣旨は、NPO法人の社員総会に、NPO法人とは全く関係ない者が参加することによっていたずらに議事が紛糾することを事前に防ぎ、社員総会を円滑に進めることにあると考えられます。このような制限は、社員全員の利益につながるものであり、問題はないと考えられます。

◆法人社員の場合

法人(株式会社やＮＰＯ法人)がＮＰＯ法人の社員総会に参加して表決する権利を有している社員である場合には、当該法人の代表者が表決を行うことになります。しかし、これらの代表者の都合が悪くて社員総会に出席できない場合、当該社員総会を開催するＮＰＯ法人の社員ではない者(例えば従業員)を代理人とできず、あくまでも他の社員を代理人にしなければならないとすると、法人社員の表決権行使が制約されることになります。前述のように、社員総会に出席できる代理人を社員に限定している定款の趣旨は、ＮＰＯ法人とは全く関係ない者が参加することによっていたずらに議事が紛糾することを事前に防ぎ、社員総会を円滑に進めることにあるのですから、法人の代表者の意思のとおり行動することが職務上の義務となっている法人の従業員が代理人として表決権を行使しても、代理人に制約を加えた定款の趣旨には反しないと考えられます。
　したがって、法人社員の場合には、モデル定款のような定款の規定があるＮＰＯ法人であっても、当該法人の従業員を代理人として社員総会において表決権を行使することは認めるべきであると考えられます。

5-14
代理委任状への押印

Q 代理委任状に押印されている印鑑が、ＮＰＯ法人への入会申請の際の印鑑と異なっている場合、委任状の有効性についてはどのように考えるべきでしょうか。

A 代理委任状に押印されている印鑑が、ＮＰＯ法人への入会申請の際の印鑑と異なっていても、委任関係が明確なものであれば、有効な委任状として扱う必要があります。

【解　説】
◆委任状の送付
　ＮＰＯ法30条が準用する民法65条により、ＮＰＯ法人の定款に別段の定めがない限り、総会に出席しない社員は、代理人を出席させて表決を行うことができます。
　代理権の授与の証明資料としては、委任状が適しています。そのため、ＮＰＯ法人は、代理権の範囲を明確にできるよう、議案の内容について賛否を明らかにすることが可能な所定の委任状を予め作成し、これを招集通知に同封して返送してもらうなり、社員総会当日に持参してもらうなりするのが望ましいということになります。また、委任状の真正を担保するために、ＮＰＯ法人の入会申込み等で使用した印鑑やＮＰＯ法人に届け出た印鑑（以下「届出印等」といいます）を委任状に捺印するよう求めるという取り扱いを行うのが望ましいといえます。定款に届出印等を使用すべきことを規定している場合や、招集通知に同封する委任状にその旨が記載されている場合には、当該印鑑が捺印されている委任状であれば、真正に委任状が作成されたものとして処理しても、ＮＰＯ法人としては適正な取り扱いをしたものとして、責任が問題になる可能性は小さいと考えられます。

◆届出印等以外の印鑑の使用

問題は、委任状に押印された印鑑が、届出印等以外のものであった場合に、代理権についてどのように考えるべきかということです。
　この点、社員が社員総会を欠席する場合の代理人による表決権行使は、定款によって制限することが可能ですから（ＮＰＯ法30条、民法65条3項）、定款によって、代理権行使の方法について、ＮＰＯ法人が作成した委任状にＮＰＯ法人への届出印等を捺印しなければ代理権を認めないという規定がなされているのであれば、そのように代理権行使が制限されていると解することになります。
　しかし、定款にそのような規定がなく、送付した所定の委任状に届出印等を捺印する旨の要請が記載されているだけであったり、定款に規定があっても、当該印鑑によらなければ代理権行使を認めないという規定がなされていないのであれば、届出印等が委任状に捺印されていないということだけで委任状を無効とすることはできないものと考えられます。代理人によるものとはいえ、表決権行使は、ＮＰＯ法人における社員の最も重要な権利だからです。
　したがって、届出印と異なる印鑑を委任状に使用していたとしても、例えば印鑑証明書を添付して委任状が提出された場合のように何らかの方法によって委任状の真正が証明されたような場合には、ＮＰＯ法人はその委任状を無効として拒否することはできないものと考えられます。
　また、委任状の真正は、例えば欠席本人への照会などによっても可能であり、委任が有効になされたことが明らかになった場合には、代理人による表決権行使を認めなければならないと解されます。
　代理委任状に押印すべき印鑑について、定款でも委任状にも何ら指定がなされていない場合には、委任状に押印すべき印鑑に制限はありません。このような場合にも、委任関係が立証されるのであれば、有効な委任状として取り扱わなければなりません。
　モデル定款においては、社員総会の代理委任状の印鑑について何ら規定がなされていません。したがって、モデル定款に準ずる規定の定款を有するＮＰＯ法人では、代理委任状に押印された印鑑が届出印等と異なっていても、委任関係が立証されれば、有効な委任状として代理人の社員総会への出席を認めなければならないことになります。

5―15
代理人のみが出席する社員総会の有効性

Q 社員総会において、社員のすべてが委任状による出席となる場合でも、社員総会は有効に成立するのでしょうか。

A 社員総会において、社員全員が自ら出席せず代理人を出席させた場合であっても、代理人の出席によって定足数を充足している限り、社員総会は有効に成立します。

【解　説】
◆代理人による表決権行使
　ＮＰＯ法人では、株式会社とは異なり、社員の個性が重視されます。したがって、ＮＰＯ法人における最高意思決定機関である社員総会においては、社員が自ら出席し、意思を表明するのが原則です。しかし、この原則を厳格に貫くと、社員総会に出席できない社員は議案に意思を全く反映させることができなくなり、また、社員総会そのものが成立しない場合もあり、不都合な事態が生じます。そこで、法は、社員の本人出席の例外として、書面による表決権の行使と代理人による表決権の行使を認めています（ＮＰＯ法30条、民法65条2項）。

◆代理人による表決権行使の制限
　もっとも、代理人による表決権行使は、本人出席の例外であるため、定款によって代理人による表決権行使を制限又は排除することも認められています（ＮＰＯ法30条、民法65条3項）。しかし、ここでの代理人の制限は、社員に平等に適用されるのが原則であり、ある社員については代理人出席が認められ、ある社員については代理人出席が認められないとすることはできないと考えられます。したがって、代理人による表決権行使が認められる以上は、どの社員も等しく、代理人を選任し、社員総会での表決権を行使することができるものと考えられます。

◆**代理人のみによる社員総会開催の可否**
　どの社員にも代理人による表決権行使が認められている場合には、総ての社員が代理人を選任し、社員総会に代理人を出席させるということもあり得ます。
　ＮＰＯ法人での社員総会は、個性が重視される社員の出席が原則であることからすれば、総ての社員が代理人を選任し、自ら出席する社員が一人もいないという状態は、極めて例外的な場合であるといえます。しかし、法は、このような場合を制限する規定を設けていません。
　また、モデル定款では、代理人による社員総会の出席がなされれば、本人たる社員が出席したものとみなす旨の規定を定款に設けていますし（モデル定款28条3項）、定款にそのような規定が存在しない場合であっても、「代理」人である以上、代理人が社員総会に出席すれば、本人たる社員が出席したことになるのは当然のことといえるでしょう。
　したがって、社員総会において、社員全員が自ら出席せず、代理人を出席させた場合であっても、代理人の出席によって本人が出席したものとみなされ、定足数を充足する限り、社員総会は有効に成立します。
　もっとも、モデル定款では、社員総会に欠席する社員が代理人によって表決権を行使する場合には、その代理人は他の社員でなければならない旨の制限を規定しています。したがって、モデル定款に準じた規定の定款を有するＮＰＯ法人では、社員総会に代理人が出席する場合であっても、当該代理人は社員でなければならないので、社員が全く欠ける状態で社員総会が開催されるということはありません。

5−16
社員総会での可決要件

Q 社員総会において議案を可決させるのは、どのような要件を満たす必要がありますか。

A 社員総会において議案を可決させるには、①法令・定款に従って招集された社員総会において、②社員総会の開催のための定足数を満たした社員が出席し、③適法に議事進行がなされ、④採決において必要な数の賛成を得る必要があります。

【解　説】
◆社員総会の準備
　社員総会は、NPO法人の構成員である社員が自らの意思をNPO法人の運営に反映させ、NPO法人としての意思決定を行う最高機関です。このように社員総会は、NPO法人の重要な意思決定についての最終的な意思判断が示される場ですから、社員総会にその意思を諮るにあたっては、NPO法人の事務局サイドとしては、議案が可決されるよう万全の準備をして対応する必要があります。もちろん、議案を提案した事務局サイドとしては、議案が可決されるように努力することは当然ですが、そもそも、社員総会が有効に開催され、有効な審議がなされ、有効な採決がなされるようにしなければなりません。そうでなければ、議案が形式上可決されたとしても、無効となる事態を招くことも考えられます。そのようなことがないように社員総会を運営するためには、①社員総会手続において法令・定款違反がないようにすること、②社員総会当日において定足数を満たすこと、③議案の審議を適法に進めること、④採決において可決要件を満たすこと、といった点に留意しなければなりません。

◆招集通知
　社員総会の招集方法は、定款に必ず記載しなければなりません（絶対的記

載事項　NPO法30条、民法62条）。招集通知には会議の目的たる事項を示すほか、定款に規定した方法に従って招集手続を進めて行かなければなりません。招集手続に遺漏があると、社員総会での決議が無効になることもあります。招集通知発送に至る一連の流れについては、社員総会の事務局サイドとしては、十分に検討をしておく必要があります。

◆定足数

　会議を有効に開催するための出席数を定足数といい、NPO法は、定款変更について「社員総数の2分の1の出席」（NPO法25条2項）を規定する他には、定足数についての規定を置いていません（但し、解散決議については社員総数の4分の3以上の賛成（NPO法40条、民法69条）、合併決議についても社員総数の4分の3以上の賛成（NPO法34条2項）を要件としているため、出席者についても社員総数の4分の3以上であることが前提となっているといえます）。

　しかし、このことは、定足数についての規定を設けてはいけないということではなく、定款において定足数の規定を設ければ、NPO法人は当該規定に拘束されます。通常は、モデル定款のように、定足数についての規定を置いています（モデル定款26条）。

　社員総会で議決を有効に可決するためには、これらの法律や定款に定められた定足数を満たして、社員総会を開催しなければなりません。社員総会での準備過程において、社員総会の事務局では、社員総会当日の出席者を確認し、場合によっては書面表決を促すなどして、定足数を満たすように努力する必要があります。

◆議事の進行

　社員総会では、適法・適正に議事を進めていかなければなりません。審議が不十分でまだ採決するための機が熟していないのに、議長が勝手に審議をうち切って採決した場合には、瑕疵ある決議となって、決議が無効となる場合もあります。

　議事の進行にあたっては、審議が円滑になされるよう、配慮が必要になり

ます。

◆採決

　社員総会において議案を可決させるためには、審議を尽くした後に採決を行い、可決要件とされている多数の賛成を得なければなりません。

　NPO法は、定款変更については定足数を社員総数の2分の1以上の出席としたうえで、可決要件としては出席社員の4分の3以上の賛成を求め、解散決議と合併決議については社員総数の4分の3以上の賛成を求めていますが、他には規定を置いていません。したがって、採決のための多数の要件はNPO法人毎に自由に規定することが可能ですし、また、定款変更・解散決議及び合併決議についても、NPO法・民法とは異なる規定を定款で定めることが可能ですから、定款の規定が重要になります。

　モデル定款では、通常の可決要件を出席した正会員の過半数と定め（モデル定款27条2項）、定款変更・解散決議及び合併決議については、NPO法・民法と同じ規定を定めています（モデル定款50条、51条2項、53条）。したがって、モデル定款に準じた規定の定款を有しているNPO法人では、このような規定に従った多数を得ることによって、議案を可決することができます。

5−17
理事候補者の減員

Q 招集通知に、理事5名を選任する旨の議案を記載して発送していたところ、そのうちの1名が、理事には就任しないとの意向を伝えてきました。この場合、社員総会当日に、当該理事候補者を外して選任決議をしても問題ありませんか。

A 選任予定の理事のうちの1名が選任されても理事に就任しない旨表明している場合には、社員総会当日にその者を除外して1名を減員して理事を選任しても問題ありません。

【解　説】
◆会議の目的事項の記載
　理事の選任については、法律上社員総会で行わなければならないと規定されているわけではありませんが、モデル定款のような規定の定款を有しているNPO法人では、社員総会で理事を選任することになります（モデル定款14条1項）。
　社員総会を招集するにあたっては、社員総会の少なくとも5日前の定款で定めた期間を空けて、会議の目的事項を記載して招集通知を発送しなければなりません（NPO法30条、民法62条）。
　したがって、社員総会において理事選任の議案が提出される場合には、招集通知に理事選任の件を会議の目的事項として記載することになります。

◆議案の変更
　理事を社員総会で選任する場合、通常は、あらかじめ当該議案を提出する前に、理事候補者の同意を取り付けておくことになります。理事とNPO法人との間の法律関係は、委任又は準委任の関係であり、候補者は、社員総会で選任されるだけで当然に理事に就任するのではなく、別途、理事になる旨の同意が必要になるからです。

問題は、当初は、理事に就任することに同意していた候補者が、招集通知発送後に辞退する旨の意向を示してきた場合です。このような場合であっても、当初の議案どおりに議決しなければならないのでしょうか。

　会議の目的事項として「理事5名選任の件」として招集通知を発送している場合に、社員総会当日になって理事4名選任の件と変更することが可能かどうかは、会議の目的事項について招集通知であらかじめ通知をしていた事項と同一であるかどうかがまず問題になります。

　法が招集通知に会議の目的事項の記載をしなければならないとしている趣旨は、「社員に対し会議に出席して表決権を行使するについて十分に準備する機会を与えるとともに、会議の目的の軽重によってこれに出席するべきか否かを決定させようとする」(藤原弘道『新版注釈民法（2）』405頁) ことにあります。また、定款に特に規定を設けていない限り、社員総会では、招集通知であらかじめ通知がなされた事項しか議決することができません（NPO法30条、民法64条）。

　選任する理事を減員させる場合は、会議の目的事項の範囲内での議決になりますし、その限りにおいて「社員に対し会議に出席して表決権を行使するについて十分に準備する機会を与えるとともに、会議の目的の軽重によってこれに出席するべきか否かを決定させようとする」法の趣旨に反するものではありません。

　また、会議の目的事項が変動することに伴って、議案も一部修正されることになります。議案の修正については、会議の目的事項を招集通知に記載させる法の趣旨に照らすと、大幅な修正は認められないと解されますが、会議の目的事項からみて同一性を失わない範囲では可能であると解されます。招集通知に添付した議案書記載の候補者を単純に除外するだけであれば、議案の大幅な修正とはいえないでしょう。

　辞退が予想される候補者をわざわざ社員総会で理事として選任することは無駄な手続であり、当該候補者を除外して理事4名を選任することは、会議の目的事項としての同一性を欠くことなく、また、議案としての同一性を失わないと考えられますので、社員総会当日に当該候補者を除外して選任決議を行えば足りると考えられます。

5—18
招集通知の記載漏れと議案の追加

Q 招集通知発送後、議案の記載漏れが発見されました。この場合、社員総会当日に、出席株主の同意を得て当該議案を付議してもよいでしょうか。

A 社員総会招集通知に記載しなかった議案については、出席株主の同意があっても、当該社員総会に付議することはできません。但し、社員総会に全社員が出席している場合には、全社員の同意があれば、当該議案を付議することができます。

【解 説】
◆社員総会で付議することができる事項
　社員総会の招集通知には、会議の目的事項を記載しなければなりません（NPO法30条、民法62条）。この規定の趣旨は、「社員に対し会議に出席して表決権を行使するについて十分に準備する機会を与えるとともに、会議の目的の軽重によってこれに出席するべきか否かを決定させようとする」（藤原弘道『新版注釈民法（2）』405頁）ということです。
　この規定を実効あるものにするために、定款に特に規定を設けていない限り、社員総会では、招集通知であらかじめ通知がなされた事項しか議決することができません（NPO法30条、民法64条）。即ち、招集通知を見て、社員総会に出席しないことを決めた社員からすれば、社員総会当日になって新たな議案が付議されるようでは、不意打ちになり、社員総会に出席して意見を述べる機会を逸することになります。そのため、社員総会での付議事項は、招集通知に記載された事項に限定されるのが原則となっています。
　したがって、招集通知に記載した会議の目的事項と異なる新たな目的事項を付議したり、予め議案も通知している場合に、当該議案と同一性を欠く議案を提出することは、欠席した社員の権利を損ないますから、出席した社員全員の同意を得たとしても許されません。仮に新たな議案を付議して議決し

たとしても、当該議案は無効となる可能性もあります。

　このような場合には、別途、社員総会を開催する必要があります。

◆**全員出席総会**
　もっとも、招集通知に会議の目的事項の記載を要し、また、社員総会では招集通知記載事項しか議決することができないとしても、このような規定が法律上設けられている趣旨は、社員に対して社員総会への出席の要否、準備の機会を与えるためです。したがって、全社員が社員総会に出席している場合には、社員の利益は保護されていると考えられます。このような場合に全出席社員が同意するのであれば、招集通知に記載した会議の目的事項と異なる新たな目的事項を付議したり、予め議案も通知している場合であっても、当該議案と同一性を欠く異なる議案を提出しても、何ら問題ありません。

　したがって、全社員が出席している社員総会において、全出席社員が同意している場合には、招集通知への記載を漏らしてしまった議案を付議しても問題ありません。

5−19
電子メールによる議決権行使

Q 書面表決書の返送に代えて、電子メールで議案に対する賛否を通知してきた場合、有効な議決権行使として扱っても構わないでしょうか。

A 法は、定款に特段の規定を設けない限り、社員総会に出席できない社員が書面により表決を行うことを認めています。しかし、これはあくまでも「書面」での表決権の行使であって、「書面」とは解釈できない電子メールでの表決権行使を認めたものではありません。したがって、書面表決書の返送に代えて、電子メールで議案に対する賛否を通知してきた場合に有効な議決権行使として扱うことはできません。もっとも、定款において電子メールによる議決権行使をも認める規定を設けた場合には、書面表決書の返送に代えて、電子メールでの賛否を有効な議決権行使として扱うことが可能になり、また、有効な議決権行使として扱わなければならないと解して差し支えないと考えられますが、この点については、立法的な手当が望まれます。

【解　説】
◆書面による議決権の行使

　ＮＰＯ法人では、株式会社とは異なり、社員の個性が重視されます。したがって、ＮＰＯ法人における最高意思決定機関である社員総会においては、社員が自ら出席し、意思を表明するのが原則です。しかし、この原則を厳格に貫くと、社員総会に出席できない社員は議案に意思を全く反映させることができなくなり、また、社員総会そのものが成立しない場合もあり、不都合な事態が生じます。そこで、法は、社員の本人出席の例外として、書面による表決権の行使と代理人による表決権の行使を認めています（ＮＰＯ法30条、民法65条２項）。もっとも、この書面表決制度等は、法によって特に

例外的に認められた方法ですので、定款によって、排除したり、制限することも可能です（NPO法30条、民法65条3項）。

◆電子メールによる表決権行使規定が定款にない場合
　定款に特段の規定がない場合に法が認めているのは、あくまでも「書面」による議決権の行使です。電子メールは、今や日常的なコミュニケーションのツールとなっていて、郵送の書面に勝るとも劣らない頻度で利用されつつあるうえ、電子メールの受信者は、プリントアウトして当該電子メールを保存することも可能です。しかし、電子メールはあくまでも電磁的記録の一態様であり、有体物である「書面」とは全く異なるものです。したがって、電子メールを法が規定する「書面」と解釈することは困難であり、電子メールによって表決権を行使することは、認められないと考えられます。

◆電子メールによる表決権行使の可否
　もっとも、法は、社員総会への本人出席の原則を厳格に貫くことによる不都合を回避するために、書面表決制を認めて表決機会を拡張することを認めていますから、書面表決と同様な表決権の行使機会の拡張を定款で規定することも可能であると考えられます。
　電子メールは、意思伝達手段として書面と同様の機能を有しています。したがって、法は、定款によって電子メールによる表決権行使を認めることを禁止していないものと考えられます。
　よって、定款において電子メールによる議決権行使をも認める規定を設けた場合には、書面表決書の返送に代えて、電子メールでの賛否を有効な議決権行使として扱うことが可能になり、また、有効な議決権行使として扱わなければならないと解して差し支えないと考えられます。
　もっとも、今日のIT化の進展の中で、株主総会については電子メール等による議決権行使についての規定を商法中に設ける旨の改正作業が進んでいるところであり、NPO法においても、何らかの立法的手当がなされ、取り扱いについてのルールが明確にされることが望ましいと考えられます。

5—20
利害関係人と社員総会の議決

Q NPO法人が社員の一人と売買契約を締結する旨を社員総会で議決する場合、当該社員は、その議案が提出された社員総会に出席して、表決権を行使することができますか。

A NPO法人と社員との間で売買契約を締結することについて社員総会で議決する場合には、当該社員は、その議案が提出された社員総会に出席して意見を述べることは可能ですが、表決権を行使することはできません。

【解　説】
◆利害関係を有する社員の表決権
　NPO法人の社員は、NPO法人と社員との関係について議決を行う場合には、表決権を有していません（NPO法30条、民法66条）。
　もとより、社員が社員総会において表決権を行使するにあたっては、社員としての立場から利害得失を考慮するのは当然ですが、社員が同時に個人としてある議案に関して利害関係を有する場合には、その個人的な立場から表決権を行使する可能性があるので、必ずしも公正な表決権を行使することが期待できません。そこで、法は、ある議案に関して利害関係を有する場合には、社員は決議に加わることができないとして、決議の公正を期することにしました（同旨、藤原弘道『新版注釈民法（2）』424頁）。
　法は、社員が表決権を行使できない場合として「法人とある社員との関係に付き議決をなす場合」を規定していますが、関係ある一切の事項を含むものではなく、個人的立場から利害関係を有する事項を意味すると解されています（前掲、藤原425頁）。具体的には、NPO法人と社員との間で、売買・消費貸借・賃貸借などの契約を締結すべきことを決議する場合や、社員のNPO法人に対する債務を免除することを決議する場合が挙げられます。
　このような事項については、社員は、表決権を有さないことになります。

しかし、表決権を行使できないだけですから、社員総会に出席して討議に加わることはもちろん可能です（前掲、藤原426頁）。

本件のように、社員とＮＰＯ法人との間の売買契約に関する議案の場合には、社員はその議案に利害関係を有することになります。したがって、当該社員は、その議案が提出された社員総会に出席して意見を述べることは可能ですが、表決権を行使することはできません。

◆利害関係がある社員が表決権を行使した場合の効果

利害関係がある社員が議決に加わって表決権を行使した場合には、当該表決権の行使は無効になります。

この場合、議決手続に瑕疵があることになり、その場合の議決の効力が問題になります。手続規定の違背がある場合であっても、決議の瑕疵がその性質・程度からみて軽微で、決議の結果に影響を及ぼさないと認められるときは、その決議は無効とはいえないと解するのが相当です（前掲、藤原414頁）。

当該社員の票を除いてもなお定足数を満たし、かつ、議決の成立に必要な多数が確保されている場合には、決議の結果に影響を及ぼしていないのであって、決議は有効であると解されます。

◆社員総会と理事会との権限の分担

ＮＰＯ法30条が準用する民法66条によって社員の表決権が問題になるのは、社員総会における議決の場合です。

ところで、社員とＮＰＯ法人との間の売買契約締結は、ＮＰＯ法人の運営に関わる事項であって、このような事項を社員総会での議決事項とするか、理事会での議決事項とするかは、各ＮＰＯ法人の定款の定めによって決まります。

モデル定款では、「運営に関する重要事項」は総会議決事項とし（モデル定款22条9号）、「総会の議決を要しない業務の執行に関する事項」は理事会での議決事項としています（モデル定款31条3号）。そのため、モデル定款に準じた規定の定款を有しているＮＰＯ法人では、当該契約の締結が

「運営に関する重要事項」に該当するかどうかで、社員総会での議決事項になるのか、理事会での議決事項になるのかが、分かれることになります。

　これに対し、定款において「運営に関する重要事項」も理事会での議決事項であり、業務執行に関しては、理事会で特に社員総会に付議すると決めた事項以外は社員総会での議決事項にならない旨の定款を有しているＮＰＯ法人では、本件のような社員とＮＰＯ法人との間の売買契約に関する事項は、必ずしも社員総会で議決する必要はありません。そうだとすれば、利害関係がある社員の表決権の問題が生じないということになります。

　社員総会と理事会との権限の分担如何によって、社員とＮＰＯ法人との間の契約締結手続に差が出てくることになりますので、留意が必要です。

第6章　社員総会終了後の手続

- 6—1　社員総会議事録の作成
- 6—2　社員総会議事録の機能
- 6—3　社員総会議事録作成の時期
- 6—4　社員総会議事録の構成
- 6—5　審議の経過等の記載例
- 6—6　社員総会議事録記載例
- 6—7　社員総会議事録の公開
- 6—8　議案反対者の議事録への記載
- 6—9　議事録と理事就任承諾
- 6—10　議事録と理事就任内諾
- 6—11　理事改選と議事録署名人
- 6—12　書類の備え置き
- 6—13　社員総会後の理事会
- 6—14　社員総会と決算申告
- 6—15　定款変更の議決後の手続
- 6—16　役員選任の議決後の手続
- 6—17　財産目録承認後の手続
- 6—18　事務所変更の議決後の手続
- 6—19　従たる事務所変更・新設の議決後の手続
- 6—20　社員総会結果の報告

6—1
社員総会議事録の作成

Q 社員総会議事録は、必ず作成しなければいけませんか。

A 法律上は、社員総会議事録の作成は義務付けられていませんが、モデル定款に準拠した定款を有するＮＰＯ法人では、社員総会議事録の作成は定款上の義務になります。

【解　説】
◆法の規定
　社員総会はＮＰＯ法人の最高の意思決定機関であり、ここでの意思決定の経過及び結果は、ＮＰＯ法人の運営に大きく影響することになります。そのため、社員総会での審議の経過及び結果を議事録の形で明確にしておくことは、ＮＰＯ法人の運営にとって重要なことです。
　しかし、株式会社における株主総会では議事録の作成が法律上義務付けられているのに対し（商法244条１項）、ＮＰＯ法人における社員総会については、議事録の作成は法律上義務付けられていません。
　法は、ＮＰＯ法人における社員総会議事録作成の要否を、ＮＰＯ法人の内部自治に委ねています。

◆定款の規定
　しかし、社員総会議事録の重要性に鑑みれば、議事録は作成すべきでしょうし、登記事項との関係で、一定事項についての社員総会での議決に係る議事録は当然に作成しなければなりません。
　そこで、モデル定款では、社員総会議事録を作成することを義務付ける規定を設けています（モデル定款29条）。
　したがって、このようなモデル定款の規定に準じた定款規定を有するＮＰＯ法人では、社員総会議事録の作成は、定款上の義務となっています。
　議事録作成を怠ると、定款違反になりますから、注意が必要です。

6-2
社員総会議事録の機能

Q 社員総会議事録には、どのような機能がありますか。

A 社員総会議事録には、NPO法人の記録を作成するという機能のほか、社員総会の審議過程及び結果を証拠化する機能や、登記申請等の添付書類としての機能があります。

【解 説】

◆記録としての議事録

　社員総会議事録は、社員総会における議事を記載するものであり、記録としての機能を有しています。即ち、社員総会議事録は、いつの時点でどのような審議がなされ、それがどのような経緯で可決され、又は否決されたのかを明らかにします。

　社員総会がNPO法人における最高の意思決定機関であることからすれば、社員総会では、重要案件がすべて審議の対象となるはずであり、総会議事録を作成することによって、NPO法人の運営状況の足跡が明確になります。

◆証拠としての議事録

　社員総会議事録が記録としての機能を有していることは、別の面からとらえると、紛争の際の証拠としての機能を有していることを意味します。

　NPO法人のリスク管理の側面からすれば、社員総会での審議事項が重要案件であるほど、紛争が生じた場合に備えて、その審議が適法・適切になされ、その結果として可決又は否決されたということを明確にしておく必要があります。紛争に備えての証拠という意味で、社員総会議事録は重要な機能を有しています。もっとも、社員総会議事録の記載が不適切な場合には、証拠としての機能が著しく低下することになりますので、作成には十分に注意をする必要があります。

◆登記申請等の添付書類
　定款変更等で所轄庁に認証申請を行う場合には社員総会議事録の添付が義務付けられていますし（NPO法25条4項）、法務局への登記事項の変更の申請の場合にも、社員総会議事録の添付が必要になります(組合等登記令17条)。社員総会議事録は、このような添付書類としての機能も有しています。

6—3
社員総会議事録作成の時期

Q 社員総会議事録は、いつ作成すればよいのですか。

A 社員総会議事録は、社員総会終了後、可能な限り早急に作成すべきでしょう。特に、登記事項が議決されている場合には、登記申請の期間経過前に作成する必要があります。

【解　説】
◆社員総会議事録の作成時期

　社員総会議事録の作成そのものを義務付ける法律上の規定がないことは、既に解説したとおりであり、社員総会議事録の作成時期についての法律上の規定もありません。

　社員総会議事録が、社員総会での審議の経過及び結果を明らかにするものである以上、議事録の作成は、社員総会終了後、可能な限り早急に行うべきであると考えられます。社員総会から時間が経ってから作成すると、その正確性に疑義が生じかねません。

　さらに注意すべきは、社員総会での議決事項の中には、登記の変更を要するものがあり、変更登記申請を行う際に、社員総会議事録が添付書類として必要なものがあるということです。例えば、社員総会において理事を新たに選任した場合、理事の氏名・住所を登記する必要がありますが（組合等登記令2条4号）、この登記申請にあたっては、社員総会議事録が必要になります。この登記は、主たる事務所の所在地においては2週間以内、従たる事務所においては3週間以内に申請する必要があります（組合等登記令6条1項）。

　したがって、このように、社員総会議事録の添付を必要とする登記事項の議決が社員総会においてなされている場合には、必然的に、社員総会議事録を当該期間内に作成しなければならないことになります。

　なお、登記を怠った場合には、NPO法人の理事、監事は、20万円以下の過料に処せられることになります（NPO法49条1号）。

6—4
社員総会議事録の構成

Q 社員総会議事録は、どのように構成すればよいでしょうか。

A 社員総会議事録には、モデル定款記載のように、①日時及び場所、②正会員総数及び出席者、③審議事項、④議事の経過の概要及び議決の結果、⑤議事録署名人の選任に関する事項などを記載するとともに、冒頭に社員総会の名称を記載し、最後に議事録署名人の記名捺印又は署名を行う構成とするのが通例です。また、議長の選出の経緯についての記載もなされるのが通例です。

【解　説】
◆社員総会議事録の記載事項

　社員総会議事録は、審議の経過及び結果を明確にすることが重要であり、社員総会議事録の記載事項が法定されているわけではないので、基本的には、各NPO法人で任意に作成して構いません。

　この点、モデル定款に準じた規定の定款を有するNPO法人では、定款上、①日時及び場所、②正会員総数及び出席者数、③審議事項、④議事の経過の概要及び議決の結果、⑤議事録署名人の選任に関する事項等を社員総会議事録に記載することが義務付けられていますので（モデル定款29条1項）、それぞれの事項を明記した社員総会議事録を作成しなければなりません。

　また、議事録署名人による記名捺印又は署名を行うことも義務付けられています（モデル定款29条2項）。

　このモデル定款の規定は、民法上の社団法人の社員総会議事録での書式等で通常記載されている事項を列挙したものであり、決して過大な負担を議事録作成者に課したものではありません。

　このほかにも、社員総会議事録では、冒頭に社員総会の名称を記載するのが通例ですし、議長の選任の経緯について記載するのも通例です。

◆社員総会の名称
　議事録に社員総会の名称を記載するのは、社員総会を特定するためです。議事録が審議の過程及び結果を明確にするものである以上、その審議がどの社員総会で行われたのかということも明確にしなければ意味がありません。
　通常は、「第〇回通常社員総会議事録」、「第〇期通常社員総会議事録」等と記載して、社員総会を特定します。

◆日時及び場所
　社員総会の日時については、社員総会開始時刻から終了時刻までを明記します。
　場所については、社員総会招集通知における場所の記載と同様、所在の番地のほか、ビル名等も記載すべきでしょう。

◆正会員総数及び出席者数
　正会員総数及び出席者数は、社員総会が定足数を満たして有効に成立したことを明らかにするとともに、議案の議決が可決要件を満たしていることを明らかにします。書面表決者や表決委任者の数の記載が定款上義務付けられている場合には、それらの数も記載しなければなりません。

◆審議事項
　審議事項としては、議題を記載します。

◆議事の経過の概要及び議決の結果
　ここで記載を求められているのは、議事の経過の「概要」ですので、議事の経過を逐一議事録に反映させなければならないというものではありません。議事の経過を概要として要約して記載すれば足ります。質疑応答も、要約したものを記載すれば足ります。
　議決の結果は、各議案に対する採決の結果、議決が成立したのか不成立だったのかを明らかにするものです。

◆議事録署名人の選任に関する事項
　議事録署名人の選任の経緯及び結果を記載します。

◆議長の選任に関する事項
　モデル定款に準じた定款を有するＮＰＯ法人では、議長は社員総会の場で選出することになっていますから（モデル定款25条）、その選出の経緯と結果を記載する必要があります。

6—5
審議の経過等の記載例

Q 審議の経過の概要及び議決の結果についての記載例を示して下さい。

A 審議の経過の概要及び議決の結果についての記載例は、解説記載のとおりです。

【解　説】
◆議事の経過の概要及び議決の結果
　議事の経過の概要としては、議事の経過を逐一議事録に反映させなければならないというものではなく、議事の経過を質疑応答と共に概要として要約して記載すれば足ります。
　基本的な記載順序としては、議案の上程、提案理由の説明、質疑応答、議決結果ということになります。以下の解説は、いくつかの議案の記載案です。

◆決算承認関係
（１）質疑応答なく、全員一致で賛成した場合
第○号議案　平成○年度（平成○年○月○日から平成○年○月○日まで）事業報告書、財産目録、貸借対照表及び収支計算書承認の件
　　　　議長は上記議案を上程し、事業報告書、財産目録、貸借対照表及び収支計算書のそれぞれの内容につき概要を説明して議決を求めたところ、全員異議無く原案どおり承認可決した。

（２）反対はあったが、可決要件を満たした場合
第○号議案　平成○年度（平成○年○月○日から平成○年○月○日まで）事業報告書、財産目録、貸借対照表及び収支計算書承認の件
　　　　議長は上記議案を上程し、事業報告書、財産目録、貸借対照表

及び収支計算書のそれぞれの内容につき概要を説明して議決を求めたところ、書面表決書を含め出席社員数の過半数の賛成をもって、原案どおり承認可決した。

(3) 質疑が少なかった場合
第〇号議案　平成〇年度（平成〇年〇月〇日から平成〇年〇月〇日まで）事業報告書、財産目録、貸借対照表及び収支計算書承認の件
　　　　議長は上記議案を上程し、事業報告書、財産目録、貸借対照表及び収支計算書のそれぞれの内容につき概要を説明し、質疑を求めたところ、社員1名から〇〇にかかる事業の収入が大幅に減少した理由について質問があり、議長が競業者の増加について説明を行った。この後、議長が議決を求めたところ、全員異議無く原案どおり承認可決した。

(4) 質疑が多かった場合
第〇号議案　平成〇年度（平成〇年〇月〇日から平成〇年〇月〇日まで）事業報告書、財産目録、貸借対照表及び収支計算書承認の件
　　　　議長は上記議案を上程し、事業報告書、財産目録、貸借対照表及び収支計算書のそれぞれの内容につき概要を説明し、質疑を求めたところ、別紙要約のとおり、社員〇名から質問がなされ、議長及び理事から説明を行った。この後、議長が議決を求めたところ、全員異議無く原案どおり承認可決した。

（別紙省略）

◆事業計画・収支予算関係
第〇号議案　平成〇年度（平成〇年〇月〇日から平成〇年〇月〇日まで）事業計画及び収支予算承認の件
　　　　議長は上記議案を上程し、事業計画及び収支予算のそれぞれの内容につき概要を説明して議決を求めたところ、全員異議無く原

案どおり承認可決した。

◆理事・監事選任関係
（1）新たに追加選任する場合
第〇号議案　理事1名選任の件

　　　　議長は上記議案を上程し、理事増員によって、本法人のさらなる円滑な運営を図るために理事を1名増員したい旨説明し、候補者〇〇〇〇につき議決を求めたところ、全員異議無く原案どおり承認可決し、〇〇〇〇は、その場で就任を承諾した。

（2）役員の任期中に次の役員を選任する場合
第〇号議案　理事〇名選任の件

　　　　議長は上記議案を上程し、理事〇名は、平成〇年〇月〇日をもってそれぞれ任期満了となるので、改めて〇名の候補者の選任を願いたい旨説明し、選任すべき理事として下記〇名を指名し、議決を求めたところ、全員異議無く原案どおり承認可決した。選任された理事は、その場で就任を承諾する旨の意思表示を行った。

　　　　　　　　　　　　記
　　　理事　〇〇〇〇
　　　理事　〇〇〇〇
（以下略）

（3）役員の任期後に次の役員を選任する場合
第〇号議案　理事〇名選任の件

　　　　議長は上記議案を上程し、理事〇名は、平成〇年〇月〇日をもってそれぞれ任期満了となったので、改めて〇名の候補者の選任を願いたい旨説明し、選任すべき理事として下記〇名を指名し、議決を求めたところ、全員異議無く原案どおり承認可決した。選任された理事は、その場で就任を承諾する旨の意思表示を行った。

　　　　　　　　　　　　記

理事　〇〇〇〇
　　　理事　〇〇〇〇
（以下略）

◆定款一部変更関係
第〇号議案　定款第〇条変更の件
　　　議長は、上記議案を上程し、当法人の事業を拡大発展させるために当法人の活動にかかる事業の種類として新たに〇〇〇〇〇〇〇〇を追加したい旨を述べて議決を求めたところ、書面表決書を含め出席社員数の４分の３以上の賛成をもって、原案どおり承認可決した。

6-6
社員総会議事録記載例

Q 社員総会議事録の例を提示して下さい。

A 社員総会議事録の一案は、解説記載のとおりです。

【解　説】

　　　　　　　　特定非営利活動法人〇〇〇〇
　　　　　　　　第〇期通常社員総会議事録

1　日時　　平成〇〇年〇月〇日　　午前〇時から〇時
2　場所　　東京都〇〇区〇〇町〇丁目〇番〇号
　　　　　　〇〇会館〇〇号室
3　社員総数　　〇〇名
4　出席社員数　　〇〇名
　　内訳　本人出席〇名
　　　　　書面表決者〇名
5　議題
第1号議案　平成〇年度（平成〇年〇月〇日から平成〇年〇月〇日まで）
　　　　　　事業報告書、財産目録、貸借対照表及び収支計算書承認の件
第2号議案　平成〇年度（平成〇年〇月〇日から平成〇年〇月〇日まで）
　　　　　　事業計画承認の件
第3号議案　平成〇年度収支予算承認の件
第4号議案　理事〇名選任の件
第5号議案　監事〇名選任の件
第6号議案　定款第1条変更の件

6　議事の経過及び結果

(1) 理事〇〇〇〇氏が本日の社員総会は定足数を満たして有効に成立している旨を述べて、開会を宣言した。
(2) 理事長〇〇〇〇氏から議長の選任につき諮ったところ、満場一致をもって〇〇〇〇氏を議長に選任した。
(3) 議事録署名人選任の件
　議事録署名人につき、議長から本日出席の〇〇〇〇氏及び〇〇〇〇氏を指名し諮ったところ、満場一致をもって同意がなされた。
(4) 第1号議案　平成〇年度（平成〇年〇月〇日から平成〇年〇月〇日まで）事業報告書、財産目録、貸借対照表及び収支計算書承認の件
　議長は上記議案を上程し、事業報告書、財産目録、貸借対照表及び収支計算書の内容につき概要を説明して議決を求めたところ、全員異議無く原案どおり承認可決した。
(5) 第2号議案　平成〇年度（平成〇年〇月〇日から平成〇年〇月〇日まで）事業計画承認の件
　議長は上記議案を上程し、平成〇年度事業計画の概要を説明して議決を求めたところ、全員異議無く原案どおり承認可決した。
(5) 第3号議案　平成〇年度収支予算承認の件
　議長は上記議案を上程し、平成〇年度収支予算の概要を説明して議決を求めたところ、全員異議無く原案どおり承認可決した。
(6) 第4号議案　理事〇名選任の件
　議長は上記議案を上程し、理事〇名全員は、平成〇年〇月〇日をもって任期が満了するので、改めて理事〇名の選任をしたい旨述べ、原案の下記〇名の候補者につき議決を求めたところ、全員異議無く原案どおり承認可決し、〇名が再選され、就任を承諾した。

記

　　理事　〇〇〇〇
　　理事　〇〇〇〇

　　理事　〇〇〇〇

（7）第5号議案　監事〇名選任の件
　議長は上記議案を上程し、監事〇名全員は、平成〇年〇月〇日をもって任期が満了するので、改めて監事〇名の選任をしたい旨述べ、原案の下記〇名の候補者につき議決を求めたところ、全員異議無く原案どおり承認可決し、〇名が再選され、就任を承諾した。
記
　　監事　〇〇〇〇
　　監事　〇〇〇〇
（8）第6号議案　定款第1条変更の件
　議長は、当法人の名称を変更し、社会的に広く通用するようになった事業名である〇〇〇〇を新たな法人名にしたい旨説明し、議決を求めたところ、全員異議無く承認可決した。

　以上をもって本総会のすべての議案の審議が終了したので、議長は閉会を宣言した。

　上記の議決を明確にするため、議長及び議事録署名人2名がこれに署名、押印する。

　　　　　　　　　　　　　　　　　　　　　　　　平成〇〇年〇月〇日

　　　　　　　　　議長　　　　〇　〇　〇　〇　印
　　　　　　　　　議事録署名人　△　△　△　△　印
　　　　　　　　　議事録署名人　◇　◇　◇　◇　印

6-7
社員総会議事録の公開

Q 社員総会議事録は、閲覧の対象ですか。

A 社員総会議事録は、閲覧の対象にはなっていません。

【解　説】
◆議事録の公示

　株式会社の株主総会の場合は、株主総会議事録の原本を10年間本店に、その謄本を5年間支店に備え置いて、株主や債権者から請求があれば、営業時間内はいつでもその閲覧・謄写に供しなければならないとされています（商法244条3項及び4項）。

　これに対して、ＮＰＯ法人の場合には、そもそも社員総会議事録の作成がＮＰＯ法では義務付けられていませんし、定款で社員総会議事録の作成を義務付けても、定款で特に議事録を閲覧の対象とする旨定めない限り、議事録の閲覧はＮＰＯ法人の義務ではありません。ＮＰＯ法は、事業報告書等の備置きや閲覧義務についての規定を有していますが（ＮＰＯ法28条1項及び2項）、社員総会議事録は、その対象になっていません。

6-8
議案反対者の議事録への記載

Q 書面表決書や委任状において議案に反対の意思を示している者がいる場合、その旨を議事録に記載する必要はありますか。

A 書面表決書や委任状において議案に反対の意思を示している者がいる場合、表決の際には、議案に対して「反対」の表決を行ったものとして数えることになりますが、議事録上は、定款にその数を明示する旨の規定がなければその必要はなく、表決の結果としての「過半数の賛成があった」であるとか、「全社員の4分の3以上の賛成があった」と記載すれば足りると考えられます。

【解　説】
◆議事録の作成
　社員総会はNPO法人の最高の意思決定機関であり、ここでの意思決定の経過及び結果は、NPO法人の運営に大きく影響することになります。そのため、社員総会での審議の経過及び結果を議事録の形で明確にしておくことは、NPO法人の運営にとって重要なことです。
　したがって、NPO法人における社員総会の議事録は、法律上誰にも作成が義務付けられていませんが、社員総会議事録の重要性に鑑みれば、議事録は作成すべきでしょう。また、登記事項との関係で、一定事項についての社員総会での議決に係る議事録は当然に作成しなければなりません。

◆定款に議事録についての規定がない場合
　定款に議事録の作成についての規定が設けられていない場合には、その妥当性はともかくとして、議事録を作成しなくても、法令・定款違反にはなりません。もっとも、理事の選任が社員総会での議決事項となっているNPO法人では、社員総会議事録は変更登記の申請の際の添付書類になっていますから、議事録を作成しなければなりません。

登記にあたって議事録の添付が要求されている趣旨は、機関によって有効な決定がなされたことを確認するためであると考えられます。したがって、議事録に最低限必要な事項としては、社員総会の日時、社員の総数及び出席者数、議案、審議の概要及び表決の結果ということになるでしょう。
　問題は、表決の結果として、書面表決書や委任状において議案に反対の意思を示している者がいる場合に、その反対者数まで議事録に明記しなければならないかどうかです。この点、登記に必要とされるのは、結果として法令・定款が要求している可決要件を満たしているかどうかということです。したがって、出席した上で反対の意思を示した者を含め、反対者数の記載がなくとも、結果として「過半数の賛成があった」であることや、「全社員の4分の3以上の賛成があった」ことを記載すれば足りると考えられます。登記実務も、そのような扱いになっています。

◆**定款に議事録についての規定がある場合**
　モデル定款のように、定款に議事録の作成についての規定がある場合には、その規定に従って議事録を作成しなければ、定款違反となります。
　モデル定款に準じた規定の定款を有するNPO法人では、「議事の経過の概要及び議決の結果」（モデル定款29条1項4号）として、議案の反対者の数を記載すべきかどうかが問題になります。
　モデル定款に準じた規定の定款を有するNPO法人においても、議事録の目的は、登記すべき事項は添付書類としての要件を満たす書類であることを念頭に置きつつ、議案が法令・定款に定める可決要件を満たして可決したことを明らかにすることにあります。したがって、やはり、出席した上で反対の意思を示した者を含め、反対者数の記載がなくとも、結果として「過半数の賛成があった」であることや、「全社員の4分の3以上の賛成があった」ことを記載すれば足りると考えられます。
　もちろん、反対者の数を明記することが禁止されているわけではなく、また、正確な記録を残すという観点からはそのような取り扱いも排除されるべきではありませんから、NPO法人の判断によって、可決要件の記載だけではなく、反対者数の記載を検討してみることも一案です。

6-9
議事録と理事就任承諾

Q 社員総会で選任された理事全員が就任を承諾した旨の記載がある社員総会議事録は、理事の就任登記における就任を承諾したことを証する書面とすることができますか。

A 理事の就任には、選任された者の承諾が必要なため、理事の選任を登記するにあたっては、就任承諾書を添付しなければなりません。しかし、理事が社員総会で選任され、その席上で就任を承諾した場合には、就任を承諾した旨の記載がある社員総会議事録を添付し、理事変更登記申請書に「就任承諾書は、社員総会議事録の記載を援用する」と記載して、就任承諾書の添付を省略することができます。

【解　説】
◆理事の登記
　NPO法は、「理事は、すべて特定非営利活動法人の業務について、特定非営利活動法人を代表する」と定め、理事はそれぞれ、NPO法人の代表者であると規定しています（NPO法16条）。
　NPO法人の法人登記は組合等登記令に従うところ（組合等登記令別表1）、組合等登記令は、「代表権を有する者の氏名、住所及び資格」を登記事項としていますから（組合等登記令2条4号）、NPO法人の理事は、登記されることになります。
　理事の代表権は、定款によってその代表権の一部又は全部を制限することができます（NPO法16条1項但し書き）が、代表権を制限しても、それは内部的な定めであって、善意の第三者に対抗できません（NPO法30条、民法54条）から、対外的には、理事すべてが対外的には代表権を有することになります。
　したがって、定款によって理事の一部につき代表権を制限しても、すべて

の理事について「代表権を有する者」として登記することが必要になります。

◆**理事の変更登記**

　既に登記している「代表権を有する者の氏名、住所及び資格」に変更が生じた場合には、変更の登記をしなければなりません（組合等登記令6条1項）。

　ここでの変更には、理事の就任、退任、辞任、解任及び死亡等による変更や、住所及び氏名の変更が含まれます。

　理事の選任手続については、それぞれのＮＰＯ法人が、組織の実情に合わせて、定款で規定しています。モデル定款では、社員総会で理事を選任することとしており（モデル定款14条1項）、このような規定の定款を有するＮＰＯ法人は、社員総会で理事を選任しなければなりません。

　ところで、理事とＮＰＯ法人との間の法的な関係は、委任又は準委任であるとするのが通説的な見解です（雨宮孝子『ＮＰＯ法コンメンタール』156頁、社団法人につき、藤原弘道『新版注釈民法（2）』355頁）。したがって、理事は、選任機関によって選任されるだけで理事に就任するのではなく、就任を承諾して委託関係に入ることによって、理事に就任することになります。

　理事の変更登記申請にあたっては、「変更を証する書面」を添付しなければなりません（組合等登記令17条1項）。したがって、理事の就任については、理事が選任されたこと(重任の場合も同様)を証する書面として、理事の選任手続が記載してある定款、理事が社員総会で選任されるのであれば社員総会議事録、さらには、理事の就任承諾書等が添付されなければなりません。

　もっとも、社員総会議事録中に、理事が就任を承諾した旨の記載があれば、これも「変更を証する書面」と解することができます。したがって、その場合には、就任承諾書の添付は不要であるとの運用が登記実務ではなされています。就任承諾書の添付を省略する場合には、登記申請書に、「就任承諾書は、社員総会議事録の記載を援用する」と記載し、社員総会議事録に、

理事の就任承諾が記載してある旨を明確にします。
　よって、理事の選任には選任された者の承諾が必要なため、理事の選任を登記するにあたっては、就任承諾書を添付しなければならないのが原則です。しかし、理事が社員総会で選任され、その席上で就任を承諾した場合には、就任を承諾した旨の記載がある社員総会議事録を添付し、理事変更登記申請書に「就任承諾書は、社員総会議事録の記載を援用する」と記載して、就任承諾書の添付を省略することができます。

6—10
議事録と理事就任内諾

Q 社員総会に出席していない者を理事として選任した場合に、あらかじめ当該候補者から就任の内諾をとっている旨を議事録に記載することで、理事の就任登記における就任を承諾したことを証する書面とすることはできますか。

A 社員総会議事録に、予め就任の内諾をとっている旨の記載がなされていても、当該社員総会議事録は理事の「変更を証する書面」には該当しないと考えられます。したがって、理事の変更登記申請を行うにあたっては、別途、理事の就任承諾書が必要になります。

【解　説】
◆理事変更登記申請の添付書類

　理事は、すべてNPO法人の代表者であるため（NPO法16条）、全員についてその氏名、住所及び資格を登記する必要があります（組合等登記令2条4号）。定款で代表権を制限したとしても（NPO法16条但し書き）、内部的な制限は善意の第三者に対抗できませんから（NPO法30条、民法54条）、対外的には、理事すべてが代表権を有することになり、結局、理事全員を「代表権を有する者」として登記する必要があります。

　理事が辞任したり、新たな理事が就任したり、従前の理事が重任する場合には、登記された理事についての変更があった場合に該当することになり、変更登記を行う必要があります（組合等組織令17条1項）。この変更登記申請にあたっては、「変更を証する書面」を添付しなければなりません（組合等組織令17条1項）。

　「変更を証する書面」としては、まず、理事の選任手続が適正になされたことを証する書面が必要です。定款には、NPO法人における理事の選任方法について、社員総会で選任するのか、それとも他の機関で選任するのか、ということや可決要件が規定されているため、「変更を証する書面」として

変更登記申請において添付する必要があります。また、選任機関において選任されたことを明らかにするために、選任機関での議事録も「変更を証する書面」として変更登記申請において添付する必要があります。社員総会で理事を選任するのであれば、社員総会議事録が添付書類になります。

　また、理事は、選任機関に選任されるだけで当然に理事に就任するのではありません。NPO法人と理事との間の法的な関係は、委任又は準委任であるというのが通説的な見解であり、NPO法人と理事との間で委任又は準委任契約を締結する必要があり、理事は、当該契約関係に入ることを示す「就任承諾」を行うことによって、理事に就任することになります。したがって、理事への「就任承諾書」も、「変更を証する書面」として変更登記申請に添付が必要になります。

　もっとも、理事の就任承諾は、必ずしも「就任承諾書」という書面を提出しなければならないとはされていないので、理事の「就任承諾」が明確になるものであれば、「変更を証する書面」として利用することができます。したがって、登記実務では、選任機関での議事録、例えば社員総会議事録中に就任を承諾する旨の記載がされている場合には、「就任承諾書」の添付を省略できることにしています。

◆就任の内諾
　社員総会等の理事選任機関に、理事に選任された者が出席しており、その場で就任を承諾すれば、その旨を議事録に記載して「変更を証する書面」とすることができるということは、以上のような説明に照らし、問題ないといえます。

　では、社員総会等の理事選任機関に、選任された当該理事が出席しておらず、その場では就任承諾ができない場合はどうでしょうか。議長が、予め当該理事候補者から理事就任の内諾を得ており、その旨を議場で説明し、内諾ある旨を議事録に記載した場合にも、当該議事録を「変更を証する書面」とすることができるかという問題です。

　しかし、議事録をもって「変更を証する書面」として用いることができるのは、就任承諾の意思表示が直接に会議においてなされなければならず、伝

聞では足りないとされています。議事録で証明されるのは、「議長が『選任された理事候補者について、理事就任の内諾をしている』と言ったこと」であって、「選任された理事候補者が就任を承諾したこと」ではないということなのでしょう。

　したがって、社員総会が理事の選任機関である場合に、社員総会議事録に、予め就任の内諾をとっている旨の記載をすることは問題ありませんが、そのような記載がなされていても、当該社員総会議事録は理事の「変更を証する書面」には該当しないと考えられます。

　よって、理事就任の内諾がある旨の社員総会の議事録の記載だけでは足りず、理事の変更登記申請を行うにあたっては、別途、理事の就任承諾書が必要になります。

6—11
理事改選と議事録署名人

Q 社員総会で理事の選任を行うこととしているＮＰＯ法人において、理事の改選があった場合には、社員総会議事録への署名は、誰が行うことになるのでしょうか。また、理事の任期中の辞任に伴って臨時社員総会を招集して新たな理事を選任した場合、社員総会議事録への署名は、誰が行うことになるのでしょうか。

A 社員総会の議事録への署名については、法律上何らの規定もありませんから、ＮＰＯ法人それぞれが、定款の規定に従った議事録署名人によって署名又は記名捺印をさせればよいことになります。但し、変更登記での便宜を考えると、署名人のうちの一人は、登記所に印鑑を提出してある理事であることが望ましいと考えられます。

【解　説】
◆議事録署名人

　ＮＰＯ法は、社員総会議事録については何ら規定しておらず、また、社員総会議事録への署名人についての規定も何ら設けていません。

　もっとも、会議に関する事項は定款記載事項であり（ＮＰＯ法11条1項7号）、社員総会議事録についての規定も、任意的記載事項として、定款に規定することができますから、定款に規定があるＮＰＯ法人は、当該規定に従うことになります。モデル定款では、社員総会議事録の署名人を「議長及びその会議において選任された議事録署名人2名以上」と規定しています。

◆理事の改選等と議事録署名人

　株式会社においては、株主総会での議事録には、「議長ならびに出席した取締役が署名しなければならない」と規定されています（商法244条2項）。

　このように、商法では「取締役」が必ず株主総会議事録に署名しなければならないと規定されていますから、当該株主総会で取締役の改選がある場合

には、新旧どちらの取締役に署名を行う義務があるかということが問題になります。取締役の任期中に次の取締役を選任する場合には、改選前の取締役が議事録の署名人になり、取締役の辞任による改選の場合には、改選後の新取締役が就任承諾を行って議事録の署名人になる、といったことが場合分けされて論じられています。

しかし、ＮＰＯ法人の場合には、法律によって社員総会の議事録への署名人が「理事」と定められているわけではありません。もちろん、定款によって、社員総会の議事録署名人を「理事」と定めた場合には、株主総会の場合と同様の場合分けをしなければなりませんが、モデル定款の規定のように、「議長及びその会議において選任された議事録署名人２名以上」という規定の定款を有するＮＰＯ法人の場合には、その都度、議事録署名人を選任すればよいので、特に問題はありません。当該規定に従って、議事録署名人が署名又は記名捺印すればよいことになります。

◆変更登記との関係

ところで、理事の変更は登記事項であり（組合等登記令２条４号、17条１項）、社員総会等で理事の選任がなされた場合には、変更登記申請を行って、変更登記を行わなければなりません。

変更登記申請には、「変更を書する書面」を添付しなければならず（組合等登記令17条１項）、定款や社員総会議事録等を添付しなければなりません。

この社員総会議事録の署名人の印鑑については、市町村長の作成した証明書を添付しなければならないとされています。即ち、社員総会議事録での署名人の印鑑は、実印でなければならないのが原則です。これは、議事録の内容について、真実性を担保させるため、議事録署名人として署名又は記名捺印した人の本人性を確保する趣旨であると考えられます。

しかし、社員総会議事録の印鑑の中に、変更前の理事が登記所に提出してある印鑑と同一の印鑑がある場合には、他の議事録署名人の印鑑証明の提出は不要とされています（法人登記規則９条、商業登記規則82条３項）。

即ち、議事録署名人の一人は、登記所に印鑑を提出してある変更前の理事

を選任し、当該理事が登記所に提出してある印鑑で議事録への署名捺印を行えば、他の議事録署名人については実印を使用する必要はありません。

　個人の実印で議事録を作成しなければならない煩わしさや、印鑑証明書を手配するのにかかる費用や時間を考えれば、実印を使わないで議事録を作成することが可能であるならば、そのような手続を採る方が、簡便であるともいえるでしょう。

　以上をまとめると、社員総会の議事録への署名について法律上何らの規定もありませんから、ＮＰＯ法人は、それぞれ定款の規定に従った議事録署名人によって署名又は記名捺印をさせればよいことになります。その都度総会で選任するのであれば、任意に議事録署名人を選任すれば問題ありません。但し、変更登記での便宜を考えると、署名人のうちの一人は、登記所に印鑑を提出してある改選前の理事であることが望ましいと考えられますので、そのように運営するのも一案です。

6−12
書類の備え置き

Q 事業報告書等は、いつから、どこに備え置かなければいけませんか。

A NPO法人は、毎事業年度初めの3カ月以内に、正規の手続きを経て確定した前事業年度の事業報告書、財産目録、貸借対照表及び収支計算書並びに役員名簿、報酬を受けた役員名簿並びに社員名簿等を、主たる事務所に備え置かなければなりません。

【解　説】
◆書類の備え置きと情報公開

　NPO法は、NPO法人の各種情報の公開について、いくつかの規定を備えています。事業報告書等については、NPO法28条が主たる事務所への備え置きと利害関係人に対する閲覧を規定し、同29条が所轄庁への提出と公開について規定しています。

　NPO法において、事業報告書等についての公開の制度が設けられた趣旨は、NPO法人の事業内容に関する情報を広く市民に提供するとともに、その事業が適切に運営されているかどうか等についての市民相互のチェックによる自浄作用を期待したものであると解されています（松原明『NPO法コンメンタール』191頁）。

　NPO法28条1項によれば、備え置きの対象となる書類は次のとおりです。
① 　前年（事業年度を設けてある場合には前事業年度、以下同じ）の事業報告書
② 　前年末日における財産目録
③ 　前年末日における貸借対照表
④ 　前年の収支計算書
⑤ 　前年において役員であった者全員の役員名簿
⑥ 　前年の役員のうち、報酬を受けた者全員の名簿
⑦ 　10名以上の社員名簿

これらの書類は、毎年（事業年度を設けてある場合には毎事業年度）の初めの３カ月以内に備え置きを始めなければいけません。
　備え置きを行う場所は、「主たる事務所」です。従たる事務所に備え置きすることは法律上の義務ではありませんから、それぞれのＮＰＯ法人の判断に委ねられています。
　事業報告書等の備え置きは、その年の翌々年（事業年度を設けてある場合には、翌々事業年度）の末日まで行わなければなりません。

◆社員総会との関係
　主たる事務所等に備え置く書類は、いずれも、それぞれのＮＰＯ法人での機関決定を経て承認されたものでなければなりません。事業報告書等を公開の対象としている趣旨がＮＰＯ法人の事業内容に関する情報を広く市民に提供するとともに、その事業が適切に運営されているかどうか等についての市民相互のチェックによる自浄作用を期待したものである以上、ＮＰＯ法人が組織として作成したものでなければならないのは当然です。
　ところで、事業報告書や財産目録、貸借対照表及び収支計算書は、いずれも会計に関する事項であり、定款で定める必要がありますが（ＮＰＯ法11条１項９号）、法は、その承認手続き等について何ら規定していないため、例えばどの機関で事業報告書等を承認するかは、それぞれのＮＰＯ法人の定款での規定に委ねられています。
　モデル定款では、事業報告書等は、社員総会での議決事項として規定されていますから（モデル定款22条４号）、モデル定款に準じた規定の定款を有するＮＰＯ法人は、社員総会によって事業報告書等の承認についての議決を行い、その議決を受けた事業報告書等を備え置くことになります。
　他方、事業報告書等が理事会等の議決によって正式な機関決定となり、社員総会には機関決定を経た事業報告書等についての報告を行うこととしているようなＮＰＯ法人では、必ずしも社員総会後でなくとも、理事会での議決を経ていれば、事業報告書を備え置くことは可能ということになるでしょう（もっとも、事業報告書等が社員への報告前に利害関係人にも公開されてしまうということについての妥当性の問題は残ります）。

6—13
社員総会後の理事会

Q 社員総会の後には、理事会を開催する必要はありますか。

A 社員総会の後に理事会を開催しなければならない法的な義務はありません。しかし、例えば、定款で理事長を理事の互選で定めることを規定しているようなNPO法人は、社員総会で理事の選任がなされた場合には、その後に理事会を開催して理事長を定める等の内部的な手続が必要となる場合があります。

【解　説】
◆理事の役職者の選任

　社員総会は、NPO法人の最高の意思決定機関であり、毎年1回は開催しなければならないので、NPO法人の事務局としては、社員総会の開催及び円滑な運営に全力を注ぐことになります。

　社員総会が無事に終了すると、NPO法人としての最大の内部的なイベントが終了することになります。しかし、社員総会が終わればそれで社員総会に関係する組織運営が終了する訳ではありません。社員総会での議決を受けて、さらにNPO法人の理事として決定しなければならないことがある場合があるからです。

　例えば、理事の選任については社員総会での議決事項とされているNPO法人であっても、理事の中での役職までは必ずしも社員総会で決めることになっていないNPO法人が少なくありません。モデル定款では、理事の選任を社員総会の議決事項としつつ（モデル定款22条1項4号）、理事の中に理事長と副理事長を設け（モデル定款13条2項）、理事長と副理事長は理事の互選とする旨の規定を設けています（モデル定款14条2項）。

　「理事の互選」というのは、理事の合議により全員一致で選出することですから、モデル定款に準じた規定の定款を有するNPO法人は、理事の中に役職を設けている場合には、理事の合議によって当該役職者を選任しなけれ

ばなりません。

　定款の規定如何によっては、理事の合議は必ずしも「理事会」という機関でなければならないという訳ではありませんが、定款によって理事会という機関を設けてあるのであれば、理事の合議は「理事会」で行うということになります。

◆理事の任期との関係

　もっとも、役職者の選任の時期について社員総会直後にしなければならないかどうかの切迫度は、理事の任期との関係で異なってきます。

　既に前任理事の任期が満了しており、新たに選任された理事は、就任の承諾によりその時点から理事としての活動を行わなければならないような場合や、当該社員総会終了時点で前任理事の任期が満了し、新たに選任された理事は当該社員総会終了直後から理事としての活動を行わなければならないような場合には、社員総会直後に理事会を開催しなければならないという要請が強いと考えられます。

　なぜならば、理事の中での役職者の選任を速やかに行わなければ、定款違反となるからです。

　これに対し、前任理事の任期はまだ少しの期間残っており、社員総会での新たな理事は、前任理事の期間満了後から任期が開始するような場合には、当該任期に合わせて理事会を開催して理事の役職者を選任すればよいのであって、必ずしも社員総会直後に理事会を開催する必要はありません。しかも、論理的には、社員総会直後には、後任理事はまだ理事に就任していないので、後任理事による理事会を社員総会直後に開催することはできません。

　もっともこの場合に、後任理事の任期が始まる前である社員総会終了直後に、後任理事らによって予め役職者について定めておくことが禁止されているとまでは言えないでしょう。後任理事者がそろっているのであれば、社員総会直後に後任理事の合議を行うことは簡便ですし、定款での「理事」の互選によって理事長らを選任するという規定は、「理事」に就任してからでなければ理事長の選任を行うことができないという趣旨ではなく、理事としてＮＰＯ法人の運営を委託された者相互の合議によって理事長らを選任すべき

とする趣旨と解すべきであると考えられるからです。

　したがって、社員総会で選任された理事の任期がまだ到来していない場合であっても、後任理事らの合議（この時点では「理事会」ではありません）により理事長らを選任することは可能であると考えられます。

　いずれにしても、社員総会での決定を受け、理事会において必要な議決を行わなければならないのであれば、速やかに理事会を開催する必要があります。

6—14
社員総会と決算申告

Q 決算申告は、いつまでに行わなければなりませんか。

A 決算申告は、決算承認機関の承認手続きを経た上で、原則として事業年度末日から2カ月以内に行わなければなりません。但し、予め延長の届出をしておけば、決算申告を事業年度末日から3カ月以内に行うようにすることができます。

【解　説】
◆決算申告

　NPO法人には、法人税法が規定する収益事業に関して法人税を納税する義務があります（法人税法4条1項）。法人税法は、33業種を収益事業と定めていますので（法人税法2条13号、法人税法施行令5条）、NPO法人が当該33業種についての事業を行っている場合には、そこからの収益についての確定申告を行わなければなりません。収益事業が赤字であって納税が発生しない場合でも、申告書の提出は必要になります。

　ここで注意すべきは、法人税法が納税の対象としている「収益事業」は、あくまでも納税の観点からの分類であり、NPO法が規定している「収益事業」とは、全く異なる概念であるということです。即ち、NPO法は、NPO法人について、特定非営利活動にかかる事業（以下「本来事業」といいます）とは別に、その収益を本来事業に充てるため、収益を目的とする事業としての「収益事業」を行うことができる旨を規定しています（NPO法5条1項）。NPO法での「収益事業」は、「本来事業」と区別する事業の概念として規定されているだけであって、法人税法の「収益事業」とは無関係です。

　したがって、NPO法人の「本来事業」であっても、法人税法上の「収益事業」に該当することが少なくありません。例えば、子どもの健全育成を目的にするNPO法人が「本来事業」として「子どもの実態調査結果の出版」を行う場合であっても、法人税法上は、会員以外の者にも有償配布するよう

な場合には、「収益事業」としての「出版業」に該当することになり、申告の対象となります。

確定申告は、毎年度決算期末から2カ月以内に行わなければなりません（法人税法74条）。申告期限については、届け出ることによってさらに1カ月延長することができますが（同75条の2）、この場合、通常は期末2カ月以内に見込税額を納付します。2カ月以内に納税しない部分については、利子税が徴収されることになります（同75条の2第6項）。

◆社員総会との関係

確定申告を行うにあたっては、決算に関わる書面、即ち貸借対照表、収支計算書、財産目録等について、機関決定を得ていなければなりません。確定申告書には、決算書類の機関決定の日を記入することとされています(法人税法74条2項、法人税法施行規則35号)。

貸借対照表、収支計算書、財産目録等の承認をどの機関が行うかは、法律には規定がなく、NPO法人毎に定款で定めることになります。したがって、モデル定款のように、事業報告書と合わせ、決算書類の承認を社員総会での議決にかからしめている定款を有しているNPO法人では、決算申告の前提として、社員総会を開催し、議決を経なければならないことになります。前述のとおり、申告は、決算期末から2カ月以内に行うのが原則ですから、社員総会も決算期末から2カ月以内に開催しなければならないというべきでしょう。申告期限を1カ月延期することが可能であることは前述のとおりですが、資産の総額の変更登記の期限が決算期末から2カ月以内であること(組合等登記令6条3項)からも、やはり、決算書類の承認にかかる社員総会は、決算期末日から2カ月以内に行わなければならないというべきでしょう。

決算書類の承認等の機関決定が社員総会以外の機関でなされ、社員総会では決算書類について報告がなされるだけである旨の定款を有するNPO法人では、社員総会を決算期末日から2カ月以内に行わなければならないということはありません。定款で定めた決算書類承認の機関決定を決算期末日から2カ月以内に行うことになります。

6-15
定款変更の議決後の手続

Q 社員総会で、定款変更決議を行った場合、その後どのような手続を執らなければなりませんか。

A 一定の軽微な事項についての定款変更は、定款変更の議決により効力を生じますが、遅滞なく、所轄庁に届出を行わなければなりません。軽微な事項以外の定款変更は、定款変更の議決だけでは効力を生じず、所轄庁の認証を受けて初めて効力が生じることになります。また、いずれの場合も、定款変更に伴い、登記事項に変更が生ずる場合には、組合等登記令に従い、変更登記手続を執る必要があります。

【解　説】
◆定款変更の議決
　ＮＰＯ法人の定款変更は、社員総会の専決事項であり（ＮＰＯ法25条1項）、他の機関の権限とすることはできません。
　法は、社員総会での可決要件として、社員総数の2分の1以上が出席し、その出席者の4分の3以上の多数の賛成を規定していますが、定款によって、別の要件を定めることも可能です（ＮＰＯ法25条2項）。いずれにしても、定款変更には、各ＮＰＯ法人で定めた多数によって、社員総会において議決する必要があります。

◆定款変更の効力発生時期
　定款変更のために社員総会決議が必要であるとしても、定款変更の効力発生時期は、必ずしも社員総会決議と同時ではありません。
　ＮＰＯ法は、事務所の所在地（但し、所轄庁に変更がない場合）、資産に関する事項、公告の方法についての定款変更は、「軽微な事項に係る定款の変更」として社員総会決議によって効力が発生するとしたものの、それ以外

の事項についての定款変更は、所轄庁の認証によって効力が生ずる旨規定しています（NPO法25条3項）。

◆認証申請と届出

「軽微な事項」以外事項に係る定款の変更は、社員総会での議決の後、所轄庁に認証申請を行う必要があります。その際、所轄庁に変更がある場合も、所轄庁に変更がない場合にも、従来の所轄庁に認証の申請を行います。

所轄庁に変更がない場合にも、定款変更認証申請書、社員総会議事録及び変更後の定款を所轄庁に提出して認証を受けます。

所轄庁に変更がある場合には、定款変更認証申請書、社員総会議事録、変更後の定款に加えて、役員名簿、宗教活動や政治活動を主目的としないこと等及び暴力団でないことを確認した書面等、事業報告書、財産目録、貸借対照表及び収支計算書を従来の所轄庁に提出して新たな所轄庁から認証を受けます。

定款変更認証の手続は、設立認証手続と同様です（NPO法25条5項）。定款変更申請があったことを公告し、変更後の定款等の書類を2カ月間縦覧させ、その後2カ月以内に認証又は不認証の判断がなされます（NPO法10条2項、12条）。

他方、「軽微な事項に係る定款の変更」は、所轄庁の認証は不要であり、社員総会決議によって直ちに効力が生じます。しかし、所轄庁に対して遅滞なく届出を行う必要があります（NPO法25条6項）。

◆変更登記

定款変更の内容によっては、登記事項も変更しなければなりません。定款変更によってNPO法人の目的や事業が変更・追加された場合や、事務所が変更された場合などは、変更登記手続が必要です。

手続の時期については、主たる事務所の所在地では2週間以内に、従たる事務所の所在地においては3週間以内に変更の登記をしなければならないと規定されています（組合等登記令6条1項）。

定款変更に係る事項の変更登記については、社員総会議事録や、定款が変

更登記申請書の添付書類として必要になるほか、所轄庁の認証事項については、所轄庁の定款変更認証書の写しも添付書類として必要になります。

6—16
役員選任の議決後の手続

Q 社員総会で役員の選任決議を行った場合、その後どのような手続を執らなければなりませんか。

A 役員の選任決議を行う等、役員が変更となった場合には、NPO法人は、所轄庁に対して役員の変更等を届け出るとともに、役員のうちの理事の変更については、登記所に対しても変更登記申請を行わなければなりません。

【解 説】
◆所轄庁への届出

　NPO法人の役員の選任については、各NPO法人の定款に委ねられています。モデル定款のように、NPO法人の役員である理事及び監事を社員総会によって選任する旨を規定している定款（モデル定款14条1項）を有するNPO法人は、理事及び監事の選任は、社員総会において行うことになります。

　NPO法人は、役員の氏名又は住所若しくは居所に変更があったときは、遅滞なくその旨を所轄庁に届け出なければならないとされています（NPO法23条1項）。この規定は、役員が、辞任、任期満了、再任、死亡、解任、改姓、住所・居所の変更、新任により役員の氏名・住所等、その内容に変更が生じた場合は、役員の実在性を担保するために、すみやかに所轄庁に変更内容を届けることを義務付けた規定です（雨宮孝子『NPO法コンメンタール』172頁）。したがって、社員総会決議ので理事の再任や新たな理事の就任の場合には、所轄庁に届出をしなければなりません。

　新たに就任した役員については、所轄庁への届出に際しては、届出書とともに、役員の就任承諾書、住所又は居所を証する書面（住民票等）、役員の欠格事由に該当しないこと及び役員の親族排除規定に違反しない旨の宣誓書の謄本も提出しなければなりません（NPO法23条2項）。

　従前の役員が任期満了と同時に再任された場合には、氏名・住所等に変更

がない場合には、変更届出書に再任である旨を記載して届出を行えば足り、その他の添付書類は必要ありません。

　なお、NPO法人の役員の任期は、2年以内において定款で定める期間でなければなりません（NPO法24条1項）。したがって、例えば、定款において役員の任期を2年と規定し、また、任期終了後も後任者が就任するまでは職務を行わなければならない旨を規定している（モデル定款16条）NPO法人であっても、理事の任期としては、2年間で終了していますので、注意が必要です。種々の都合で前任理事の任期終了後に社員総会が行われ、その社員総会で同じ人が後任理事として選任された場合であっても、その理事は任期満了と共に再任されたことにはならず、任期満了によりいったん理事の地位は失い、その後に新任として選任されたことになります。したがって、法の規定どおりであれば、所轄庁に対して、変更届出書とともに、新任理事としての種々の書類を添付しなければなりません。

◆変更登記
　役員のうち、理事については、登記事項となっています(組合等登記令2条4号)。理事に変更があった場合には、変更の登記を申請しなければなりません（組合等登記令6条1項）。
　変更登記の申請は、主たる事務所の所在地を管轄する登記所では2週間以内に、従たる事務所の所在地を管轄する登記所では3週間以内に行わなければなりません（組合等登記令6条1項）。
　変更の申請書には、変更を証する書面を添付しなければならず(組合等登記令17条1項)、理事の選任等を行った社員総会等の議事録、定款、就任承諾書、議事録の印鑑を押印した者全員の印鑑証明書等が必要になります。但し、議事録中に理事の就任承諾の記載がある場合には就任承諾書は不要であり、また、議事録の印鑑と変更前の理事が登記所に提出してある印鑑とが同一である場合には、議事録の印鑑を押印した者全員の印鑑証明書は不要になります（法登規則9条、商登記規則82条3項）。
　登記を怠ると、20万円以下の過料に処せられることがあるので、注意が必要です（NPO法49条1号）。

6-17
財産目録承認後の手続

Q 社員総会で承認決議を行った財産目録に関し、資産の総額が前年度と異なっていた場合には、その後どのような手続を執らなければなりませんか。

A 社員総会で承認決議を行った財産目録に関し、資産の総額が前年度と異なっていた場合には、登記所に対して、資産の総額に関する変更登記の申請を行わなければなりません。

【解　説】
◆所轄庁への提出

　ＮＰＯ法人は、毎年（事業年度を設けている場合には、毎事業年度）１回、前年（事業年度を設けている場合には、前事業年度）の事業報告書、財産目録、貸借対照表及び収支計算書等を含む種々の書類を、所轄庁に提出しなければなりません（ＮＰＯ法29条１項）。提出期限は、毎年（事業年度を設けている場合には、毎事業年度）初めの３カ月以内とされています（ＮＰＯ法施行規則７条１項）。

　所轄庁に提出する事業報告書等は、ＮＰＯ法人において正式な手続によって承認されたものでなければならないのは当然ですから、各ＮＰＯ法人が定款で定めた承認のための手続きに従って、機関決定する必要があります。モデル定款のように、事業報告書等の承認の議決を社員総会の権限とする規定の定款を有しているＮＰＯ法人は、社員総会によって、事業報告書等の承認決議を行うことになります。

　所轄庁に提出する財産目録は、資産総額の変動の有無には無関係です。資産総額が前年度と同額であっても、財産目録を事業報告書等と共に、所轄庁に提出しなければなりません。

◆変更登記

ＮＰＯ法人における資産の総額は、登記事項です（組合等登記令２条６号、別表１）。資産の総額に変更があった場合には、変更の登記を申請しなければなりません（組合等登記令６条１項）。

　資産の総額が登記事項とされているのは、資産の総額がＮＰＯ法人の債務の一般的な債務になっているため、債権者に対して財産の現況を公示させようという趣旨であると考えられます(民法上の公益法人の資産の総額について、藤原弘道『新版注釈民法（２）』333頁)。

　資産の総額についての変更登記の申請は、主たる事務所の所在地及び従たる事務所の所在地を管轄する登記所に対し、毎事業年度末日現在により、その事業年度終了後、２カ月以内に行わなければなりません(組合等登記令６条３項)。

　変更の申請書には、変更を証する書面を添付しなければなりません(組合等登記令17条１項)。資産の総額の変更が社員総会議事録等で明らかであれば、当該社員総会議事録等を添付します。当該社員総会議事録だけでは資産の総額が明らかではない場合には、財産目録が必要になります。

　あくまでも「変更登記」ですから、資産の総額に変更がない場合には、変更登記を申請する必要はありません。

　しかし、ＮＰＯ法人が１年間を通じて活動を行う以上、資産の総額に変動がないということは通常は考えられません。株式会社では、資産の総額は登記事項ではないこともあって、ＮＰＯ法人において資産の総額に変更があった場合には変更登記を行わなければならないということが忘れられがちであるので、注意が必要です。

◆変更登記と社員総会との関係

　さらに、資産の総額の変更登記を怠ると、20万円以下の過料に処せられることがあるので（ＮＰＯ法49条１号）、失念しないようにしなければなりません。

　また、前述のとおり、資産の総額の変更登記は、事業年度終了後２カ月以内に、事業年度末日現在の金額を登記しなければなりません。変更登記を行う資産の総額は、資産の総額を登記させる趣旨が、対外的に財産の現況を公

示する点にある以上、ＮＰＯ法人において適正な手続によって承認されたものでなければならないのは当然です。

　登記を怠った場合には過料に処せられる可能性がある以上、資産の総額を承認する手続きも、２カ月以内に行う必要があります。財産目録や貸借対照表の承認を社員総会の議決によって行う旨を定款で定めてあるＮＰＯ法人は、社員総会についても、事業年度終了後２カ月以内に行わなければならないことになります。

6−18 事務所変更の議決後の手続

Q 社員総会で、主たる事務所の変更を決議した場合、その後どのような手続を執らなければなりませんか。

A 主たる事務所の変更が、定款変更を伴わない場合には、登記所に対して、変更登記の申請を行うだけです。主たる事務所の変更が定款変更を伴う場合には、さらに所轄庁に変更がなければ所轄庁に定款変更の届出を行うと共に、登記所に対して変更登記の申請を行い、所轄庁に変更がある場合には、従来の所轄庁を経由して新たな所轄庁に主たる事務所の所在地変更についての定款変更の認証申請を行い、定款変更の認証がなされた後に、登記所に対して変更登記の申請を行うことになります。

【解　説】
◆主たる事務所の変更

　NPO法人は、いずれも、設立の際に「主たる事務所」を定め、その主たる事務所の所在地を当該NPO法人の住所としています（NPO法6条）。NPO法人が定めた主たる事務所は、登記事項でもあり(組合等登記令2条3号)、登記によって第三者に対して公示されています。

　設立の際に定めた主たる事務所は、NPO法人の活動やそれぞれの固有の事情により、変更する必要が生ずることがあります。

　このような主たる事務所の変更は、まずはNPO法人内部で検討・決定されることになります。主たる事務所の変更をNPO法人のいかなる機関で決定するかは、NPO法人によって異なります。主たる事務所の変更は、NPO法人の運営に関する事項ですから、このような事項を社員総会での議決事項としているのか、それとも理事会等社員総会以外の機関での議決事項としているかによって、NPO法人における決定手続は異なることになります。

◆定款変更との関係

　ＮＰＯ法人における適正な機関によって主たる事務所の変更を決定しても、それだけで直ちに主たる事務所の変更の効力が生ずるかどうかは、場合を分けて考える必要があります。ＮＰＯ法は、主たる事務所及び従たる事務所の所在地を定款の絶対的記載事項としているため（ＮＰＯ法11条1項4号）、定款変更の効力発生時期との関係を検討しなければならないからです。
（1）定款変更を伴わない場合

　例えば、定款には、主たる事務所の所在地を「東京都千代田区」と定めており、移転する主たる事務所の所在地も東京都千代田区の中である場合です。この場合には、定款変更のための認証申請が必要ありませんから、ＮＰＯ法人内部での主たる事務所移転の機関決定がなされた時点で、主たる事務所移転の効力が生じます（主たる事務所移転を始期付きとすることも可能です）。この場合には、主たる事務所の移転だけを理由として何らかの届出を所轄庁に行う必要もありません。

　主たる事務所移転が定款変更を伴わない場合であっても、主たる事務所の所在地そのものは変更になっていますから、2週間以内に、移転の登記を行わなければなりません（組合等登記令5条2項）。
（2）定款変更を伴う場合

　主たる事務所の移転が定款変更を伴う場合は、さらに、ＮＰＯ法人の所轄庁に変更がある場合と、ＮＰＯ法人の所轄庁に変更がない場合とがあります。

　第1は、例えば、定款には、主たる事務所の所在地を「東京都千代田区」と定めており、主たる事務所の移転先が「東京都新宿区」であるように、定款変更はあるものの、ＮＰＯ法人の所轄庁はいずれも東京都知事であるような場合です。定款変更を伴いますが、所轄庁の変更を伴わない事務所所在地の変更は、所轄庁の定款変更認証がなされなくても、社員総会での定款変更決議が可決されれば、その時点で効力を生じます（ＮＰＯ法25条3項）。したがって、社員総会で定款変更決議がなされ、主たる事務所の変更についてＮＰＯ法人での機関決定がなされた時点で、主たる事務所変更の効力は発生します。もっともこの場合には、ＮＰＯ法人は、遅滞なく、定款変更を所轄

庁に届け出なければなりません（NPO法25条6項）。

定款変更を伴う主たる事務所の変更がなされる場合には、登記所も変更されることになります。主たる事務所の移転の登記は、2週間以内に、旧所在地においては移転の登記を行い、新所在地においては、3週間以内にNPO法人の名称その他組合等登記令2条記載の登記事項を登記しなければなりません（組合等登記令6条1項）。

第2は、例えば、定款には、主たる事務所の所在地を「東京都千代田区」と定めており、主たる事務所の移転先が「神奈川県相模原市」であるように、NPO法人の所轄庁が東京都知事から神奈川県知事に変わるような場合です。このような場合には、単に主たる事務所所在地を変更する場合であっても、所轄庁から定款変更の認証を受けなければ、そもそも定款変更の効力が発生しません（NPO法25条3項）。定款変更の効力が発生しなければ、主たる事務所を「神奈川県相模原市」には置けませんから、主たる事務所移転の効力も、定款変更の認証がなされた時点で発生すると考えられます。

所轄庁の変更を伴う定款変更認証は、定款変更を議決した社員総会議事録、変更後の定款、役員名簿、政治活動や宗教活動を主目的としないこと等及び暴力団でないことに該当することを確認したことを示す書面、事業報告書、財産目録、貸借対照表及び収支計算書を添付して、定款変更認証申請書を従来の所轄庁に提出します（NPO法25条3項、同4項、26条1項及び同2項）。この場合、2カ月間の公告を経て、2カ月以内に認証するか否かが通知されます（NPO法25条5項、10条2項及び12条）。

登記については、定款変更を伴い、所轄庁の変更がなされない主たる事務所の変更の場合と同様です。主たる事務所の移転の登記は、2週間以内に、旧所在地においては移転の登記を行い、新所在地においては、NPO法人の名称その他組合等登記令2条記載の登記事項を登記しなければなりません（組合等登記令5条1項）。但し、「2週間以内」は、所轄庁から定款変更の認証がなされた時点から起算します。

6―19
従たる事務所変更・新設の議決後の手続

Q 社員総会で、新たに従たる事務所を変更する旨を決議した場合、その後どのような手続を執らなければなりませんか。

A 従たる事務所の変更に関する手続は、基本的には、主たる事務所の変更の場合の手続に準じて考えることができます。但し、従たる事務所の場合には、事務所の新設に伴う変更の場合があり、この場合には、注意が必要です。

【解　説】
◆従たる事務所の変更
　従たる事務所変更の場合も、主たる事務所変更の場合に準じて考えることができます。従たる事務所の所在地も、主たる事務所の所在地と同様定款の絶対的記載事項であり（ＮＰＯ法11条1項4号）、また、登記事項です（組合等登記令2条3号）。

◆定款変更を伴わない場合
　この場合には、定款変更のための認証申請が必要ありませんから、ＮＰＯ法人内部での従たる事務所移転の機関決定がなされた時点で、従たる事務所移転の効力が生じます（従たる事務所移転を始期付きとすることも可能です）。この場合には、従たる事務所の移転だけを理由として何らかの届出を所轄庁に行う必要もありません。
　従たる事務所移転が定款変更を伴わない場合であっても、事務所の所在地そのものは変更になっていますから、3週間以内に、移転の登記を行わなければなりません（組合等登記令5条2項）。

◆定款変更を伴う場合
　従たる事務所の移転が定款変更を伴う場合は、さらに、ＮＰＯ法人の所轄

庁に変更がある場合と、ＮＰＯ法人の所轄庁に変更がない場合とがあります。

第１は、例えば、定款には、従たる事務所の所在地を「東京都千代田区」と定めており、従たる事務所の移転先が「東京都新宿区」であるように、定款変更はあるものの、ＮＰＯ法人の所轄庁はいずれも東京都知事であるような場合です。定款変更を伴いますが、所轄庁の変更を伴わない事務所所在地の変更は、所轄庁の定款変更認証がなされなくても、社員総会での定款変更決議が可決されれば、その時点で効力を生じます（ＮＰＯ法25条３項）。したがって、社員総会で定款変更決議がなされ、従たる事務所の変更についてＮＰＯ法人での機関決定がなされた時点で、従たる事務所変更の効力は発生します。もっともこの場合には、ＮＰＯ法人は、遅滞なく、定款変更を所轄庁に届け出なければなりません（ＮＰＯ法25条６項）。

定款変更を伴う従たる事務所の変更がなされる場合には、従たる事務所の登記所も変更されることになります。従たる事務所の移転の登記は、３週間以内に、旧所在地においては移転の登記を行い、新所在地においては、４週間以内にＮＰＯ法人の名称その他組合等登記令２条記載の登記事項を登記しなければなりません（組合等登記令５条１項）。

さらに、従たる事務所を新設することによって、所轄庁は変わらないものの、定款変更を伴う事務所の変更がなされる場合には、主たる事務所の所在地においては２週間以内に従たる事務所を設けたことを登記し、新たな従たる事務所の所在地においては、３週間以内に、ＮＰＯ法人の名称その他組合等登記令２条記載の登記事項を登記し、他の従たる事務所の所在地でも３週間以内に新たに従たる事務所を設けたことを登記しなければなりません（組合等登記令４条１項）。この場合も、新たな従たる事務所が、既にある主たる事務所又は従たる事務所の所在地を管轄する登記所の管轄区域内にある場合には、単に新たな従たる事務所を設けたことを登記すれば足りるとされています（組合等登記令４条２項）。

第２は、例えば、従たる事務所の移転により、事務所が複数の都道府県に事務所が設置され、所轄庁が都道府県知事から内閣総理大臣に変更となる（ＮＰＯ法９条２項）場合です。

このような場合には、所轄庁から定款変更の認証を受けなければ、そもそも定款変更の効力が発生しません（ＮＰＯ法25条3項）。定款変更の効力が発生しなければ、従たる事務所を置けませんから、当該従たる事務所移転の効力も、定款変更の認証がなされた時点で発生すると考えられます。
　所轄庁の変更を伴う定款変更認証は、定款変更を議決した社員総会議事録、変更後の定款、役員名簿、政治活動や宗教活動を主目的としないこと等及び暴力団でないことに該当することを確認したことを示す書面、事業報告書、財産目録、貸借対照表及び収支計算書を添付して、定款変更認証申請書を従来の所轄庁に提出します（ＮＰＯ法25条3項、同4項、26条1項及び同2項）。この場合、2カ月間の公告を経て、2カ月以内に認証するか否かが通知されます（ＮＰＯ法25条5項、10条2項及び12条）。
　登記については、定款変更を伴い、所轄庁の変更がなされない主たる事務所の変更の場合と同様です。
　従たる事務所の移転の登記は、3週間以内に、旧所在地においては移転の登記を行い、新所在地においては、4週間以内にＮＰＯ法人の名称その他組合等登記令2条記載の登記事項を登記しなければなりません（組合等登記令5条1項）。
　さらに、従たる事務所を新設することによって、定款変更を伴う事務所の変更がなされる場合には、主たる事務所の所在地においては2週間以内に従たる事務所を設けたことを登記し、新たな従たる事務所の所在地においては、3週間以内に、ＮＰＯ法人の名称その他組合等登記令2条記載の登記事項を登記し、他の従たる事務所の所在地でも3週間以内に新たに従たる事務所を設けたことを登記しなければなりません（組合等登記令4条1項）。但し、新たな従たる事務所が、既にある主たる事務所又は従たる事務所の所在地を管轄する登記所の管轄区域内にある場合には、単に新たな従たる事務所を設けたことを登記すれば足りるとされています（組合等登記令4条2項）。
　なお、ここでの期間は、いずれも、所轄庁から定款変更の認証がなされた時点から起算することになります。

6-20
社員総会結果の報告

Q 社員総会の結果を社員に報告する必要はありますか。

A 社員総会の結果を社員に報告する法的な義務はありませんが、その重要性に鑑み、何らかの方法で社員総会の結果を社員に報告すべきでしょう。

【解 説】
◆社員総会結果の周知
　社員総会の結果報告について、法は何らの規定も設けておらず、法的には、ＮＰＯ法人は社員総会の結果報告の義務を負っていません。しかし、社員総会は、ＮＰＯ法人の最高の意思決定機関であり、その結果は、全社員に関係があることですから、全社員に対して周知させる必要があるでしょう。
　結果報告の方法としては、改めて結果報告の通知を社員に対して送付する方法、社員総会議事録の写しを社員に対して送付する方法、機関誌に記事として載せる方法等、さまざまな方法が考えられます。方法は特に問いませんが、社員の数や社員総会への出席状況などそれぞれのＮＰＯ法人の個別事情に応じて、社員が社員総会の情報をうまく共有できる方法をそれぞれのＮＰＯ法人毎に研究・検討しておくべきでしょう。

資料編

資料1　モデル定款／222
資料2　特定非営利活動促進法／232

資料1　モデル定款

特定非営利活動法人〇〇〇〇定款
第1章　総則

(名称)

第1条　本法人は、特定非営利活動法人〇〇〇〇という。

(事務所)

第2条　本法人は、主たる事務所を〇〇県〇〇市に置く。

2　本法人は、従たる事務所を〇〇県〇〇市に置く。

(目的)

第3条　本法人は、〇〇〇〇に対して、〇〇〇〇に関する事業を行い、〇〇〇〇に寄与することを目的とする。

(特定非営利活動の種類)

第4条　本法人は、前条の目的を達成するため、次の種類の特定非営利活動を行う。

①　・・・・・・・・・・(特定非営利活動促進法第2条別表〇号)
②　・・・・・・・・・・(特定非営利活動促進法第2条別表〇号)

(事業の種類)

第5条　本法人は、第3条の目的を達成するため、特定非営利活動に係る事業として次の事業を行う。

①　・・・・・・・・・・
②　・・・・・・・・・・

2　本法人は次の収益事業を行う。

①　・・・・・・・・・・

3　前項に掲げる事業は、第1項に掲げる事業に支障がない限り行い、その収益は、第1項に掲げる事業に充てる。

第2章　会員

(種別)

第6条　本法人の会員は、次の〇種類とし、正会員をもって特定非営利活動促進法上の社員とする。

①　正会員　本法人の目的に賛同して入会した個人又は団体
②　賛助会員　・・・・・・・・・・・

(入会)

第7条　正会員及び賛助会員の入会について、特に条件は定めない。
　　2　正会員又は賛助会員として入会しようとするものは、理事長が別に定める入会申込書により、理事長に申し込むものとする。
　　3　理事長は、前項の申込みがあったときは、正当な理由がない限り、入会を認めなければならない。
　　4　理事長は、第2項の者の入会を認めないときは、速やかに、理由を付した書面をもって本人にその旨を通知しなければならない。

（入会金及び会費）
第8条　正会員及び賛助会員は、総会において別に定める入会金及び会費を納入しなければならない。

（会員の資格の喪失）
第9条　正会員及び賛助会員が次の各号の一に該当する場合には、その資格を喪失する。
　　①　退会届の提出をしたとき
　　②　本人が死亡し、若しくは失踪宣告を受け、又は団体が消滅したとき
　　③　継続して〇年以上会費を滞納したとき
　　④　除名されたとき

（退会）
第10条　正会員及び賛助会員は、理事長が別に定める退会届を理事長に提出して、任意に退会することができる。

（除名）
第11条　正会員又は賛助会員が次の一に該当する場合には、総会の議決により、これを除名することができる。
　　①　この定款等に違反したとき
　　②　本法人の名誉を傷つけ、又は目的に反する行為をしたとき
　　2　前項の規定により会員を除名しようとする場合は、議決の前に当該会員に弁明の機会を与えなければならない。

（拠出金品の不返還）
第12条　既に納入した入会金、会費その他の拠出金品は、理由の如何を問わず返還しない。

第3章　役員

（種別及び定数）
第13条　本法人に、次の役員を置く。

① 理事○人
　　　② 監事○人
　　2　理事のうち1人を理事長、○人を副理事長とする。

（選任等）

第14条　理事及び監事は、総会において選任する。
　　2　理事長及び副理事長は、理事の互選により定める。
　　3　役員のうちには、それぞれの役員について、その配偶者若しくは三親等以内の親族が役員の総数の3分の1を超えて含まれることになってはならない。
　　4　特定非営利活動促進法第20条各号のいずれかに該当する者は、本法人の役員になることができない。
　　5　監事は、理事又は本法人の職員を兼ねてはならない。

（職務）

第15条　理事長は、本法人を代表し、その業務を総理する。
　　2　副理事長は、理事長を補佐し、理事長に事故があるとき又は理事長が欠けたときは、理事長が予め指名した順序によって、その職務を代行する。
　　3　理事は、理事会を構成し、この定款の定め及び総会又は理事会の議決に基づき、本法人の業務を執行する。
　　4　監事は、次に掲げる職務を行う。
　　　① 理事の業務執行の状況を監査すること
　　　② 本法人の財産の状況を監査すること
　　　③ 前2号の規定による監査の結果、本法人の業務又は財産に関し不正の行為又は法令若しくは定款に違反する重大な事実があることを発見した場合には、これを総会又は所轄庁に報告すること
　　　④ 前号の報告をするために必要がある場合には、総会を招集すること
　　　⑤ 理事の業務執行の状況又は本法人の財産の状況について、理事に意見を述べること

（任期等）

第16条　役員の任期は2年とする。但し、再任を妨げない。
　　2　補欠のため、又は増員により就任した役員の任期は、それぞれの前任者又は現任者の任期の残存期間とする。
　　3　役員は、辞任又は任期満了後においても、後任者が就任するまでは、その職務を行わなければならない。

（欠員補充）

第17条　理事又は監事のうち、その定数の3分の1を超える者が欠けたときは、遅滞なくこれを補充しなければならない。

（解任）
第18条　役員が次の一に該当する場合には、総会の決議により、これを解任することができる。
　　①　心身の故障のため、職務の遂行に堪えないと認められるとき
　　②　職務上の義務違反その他役員としてふさわしくない行為があったとき
　2　前項の規定により役員を解任しようとする場合は、議決の前に当該役員に弁明の機会を与えなければならない。

（報酬等）
第19条　役員は、その総数の3分の1以下の範囲内で報酬を受けることができる。
　2　役員には、その職務を遂行するために要した費用を弁償することができる。
　3　前2項に関し必要な事項は、総会の議決を経て、理事長が別に定める。

第4章　会議

（種別）
第20条　本法人の会議は、総会及び理事会の2種とする。
　2　総会は、通常総会及び臨時総会とする。

（総会の構成）
第21条　総会は、正会員をもって構成する。

（総会の権能）
第22条　総会は、以下の事項について議決する。
　　①　定款の変更
　　②　解散及び合併
　　③　事業計画及び収支予算並びにその変更
　　④　事業報告及び収支決算
　　⑤　役員の選任又は解任、職務及び報酬
　　⑥　入会金及び会費の額
　　⑦　借入金（その事業年度内の収入をもって償還する短期借入金を除く。第49条において同じ）その他新たな義務の負担及び権利の放棄
　　⑧　事務局の組織及び運営
　　⑨　その他運営に関する重要事項

（総会の開催）

第23条　通常総会は、毎年〇回開催する。
　2　臨時総会は、次に掲げる場合に開催する。
　　①　理事会が必要と認め、招集の請求をしたとき
　　②　正会員総数の5分の1以上からの会議の目的を記載した書面により招集の請求があったとき
　　③　監事が第15条第4項第4号の規定に基づいて招集するとき

(総会の招集)
第24条　総会は、前条第2項第3号の場合を除いて、理事長が招集する。
　2　理事長は、前条第2項第1号及び第2号の規定による請求があったときは、その日から〇日以内に臨時総会を招集しなければならない。
　3　総会を招集する場合には、会議の日時、場所、目的及び審議事項を記載した書面により、開催の日の少なくとも5日前までに通知しなければならない。

(総会の議長)
第25条　総会の議長は、その総会に出席した正会員の中から選出する。

(総会の定足数)
第26条　総会は、正会員総数の2分の1以上の出席がなければ開会することはできない。

(総会の議決)
第27条　総会における議決事項は、第24条第3項の規定によって予め通知した事項とする。
　2　総会の議事は、この定款に規定する者のほか、出席した正会員の過半数をもって決し、可否同数のときは、議長の決するところによる。

(総会での表決権等)
第28条　各正会員の表決権は平等なものとする。
　2　やむを得ない理由により総会に出席できない正会員は、予め通知された事項について、書面をもって表決し、又は他の正会員を代理人として表決を委任することができる。
　3　前項の規定により表決した正会員は、前2条の規定の適用については出席したものとみなす。
　4　総会の議決について、特別の利害関係を有する正会員は、その議事の議決に加わることができない。

(総会の議事録)
第29条　総会の議事については、次の事項を記載した議事録を作成しなければならない。
　　①　日時及び場所

② 正会員総数及び出席者数(書面表決者又は表決委任者がある場合にあっては、その数を付記すること)
③ 審議事項
④ 議事の経過の概要及び議決の結果
⑤ 議事録署名人の選任に関する事項
2 議事録には、議長及び総会において選任された議事録署名人2名が、記名押印又は署名しなければならない。

(理事会の構成)
第30条 理事会は、理事をもって構成する。

(理事会の権能)
第31条 理事会は、この定款に別に定める事項のほか、次の事項を議決する。
① 総会に付議すべき事項
② 総会の議決した事項の執行に関する事項
③ その他総会の議決を要しない業務の執行に関する事項

(理事会の開催)
第32条 理事会は、次に掲げる場合に開催する。
① 理事長が必要と認めたとき
② 理事総数の〇分の〇以上から理事会の目的である事項を記載した書面により招集の請求があったとき

(理事会の招集)
第33条 理事会は、理事長が招集する。
2 理事長は、前条第2号の場合にはその日から〇日以内に理事会を招集しなければならない。
3 理事会を招集するときは、会議の日時、場所、目的及び審議事項を記載した書面により、開催の日の少なくとも〇日前までに通知しなければならない。

(理事会の議長)
第34条 理事会の議長は、理事長がこれにあたる。

(理事会の議決)
第35条 理事会における議決事項は、第33条第3項の規定によって予め通知した事項とする。
2 理事会の議事は、理事総数の過半数をもって決し、可否同数のときは、議長の決するところによる。

(理事会の表決権等)

第36条　各理事の表決権は、平等とする。
2　やむを得ない理由のため理事会に出席できない理事は、予め通知された事項について書面をもって表決することができる。
3　前項の規定により表決した理事は、前条及び次条第1項の適用については、理事会に出席したものとみなす。
4　理事会の議決について、特別の利害関係を有する理事は、その議事の議決に加わることができない。

(理事会の議事録)
第37条　理事会の議事については、次の事項を記載した議事録を作成しなければならない。
① 日時及び場所
② 理事総数、出席者数及び出席者氏名(書面表決者にあっては、その旨を付記すること
③ 審議事項
④ 議事の経過の概要及び議決の結果
⑤ 議事録署名人の選任に関する事項
2　議事録には、議長及びその会議において選任された議事録署名人2人以上が記名押印又は署名しなければならない。

第5章　資産

(構成)
第38条　本法人の資産は、次の各号に掲げるものをもって構成する。
① 設立当初の財産目録に記載された資産
② 入会金及び会費
③ 寄付金品
④ 財産から生じる収入
⑤ 事業に伴う収入
⑥ その他の収入

(区分)
第39条　本法人の資産は、これを分けて特定非営利活動に係る事業に関する資産、収益事業に関する資産の2種とする。

(管理)
第40条　本法人の資産は、理事長が管理し、その方法は、総会の議決を経て、理事長が

別に定める。

第6章　会計

(会計の原則)
第41条　本法人の会計は、特定非営利活動促進法第27条各号に掲げる原則に従って行わなければならない。

(会計区分)
第42条　本法人の会計は、次のとおり区分する。
　　① 特定非営利活動にかかる事業会計
　　② 収益事業会計

(事業年度)
第43条　本法人の事業年度は、毎年4月1日に始まり、翌年3月31日に終わる。

(事業計画及び予算)
第44条　本法人の事業計画及びこれに伴う収支予算は、毎事業年度ごとに理事長が作成し、総会の議決を経なければならない。

(暫定予算)
第45条　前条の規定に関わらず、やむを得ない理由により予算が成立しないときは、理事長は、理事会の議決を経て、予算成立の日まで前事業年度の予算に順次収入支出することができる。
　2　前項の収入支出は、新たに成立した予算の収入支出とみなす。

(予備費)
第46条　予算超過又は予算外の支出に充てるため、予算中に予備費を設けることができる。
　2　予備費を使用するときは、理事会の議決を経なければならない。

(予算の追加及び更正)
第47条　予算成立後にやむを得ない事由が発生したときは、総会の議決を経て、既定予算の追加又は更正をすることができる。

(事業報告及び決算)
第48条　本法人の事業報告書、財産目得、貸借対照表及び収支計算書等決算に関する書類は、毎事業年度終了後、速やかに理事長が作成し、監事の監査を受け、総会の議決を経なければならない。
　2　決算上余剰金を生じたときは、次事業年度に繰り越す。

(臨機の措置)

第49条 予算をもって定めるもののほか、借入金の借入れその他新たな義務の負担をし、又は権利の放棄をしようとするときは、総会の議決を経なければならない。

第7章 定款の変更、解散及び合併

（定款の変更）
第50条 本法人が定款を変更しようとするときは、総会に出席した正会員の4分の3以上の議決を経、かつ、特定非営利活動促進法第25条第3項に既定する軽微な事項を除いて所轄庁の認証を得なければならない。

（解散）
第51条 本法人は、次に掲げる事由により解散する。
　　① 総会の決議
　　② 目的とする特定非営利活動に係る事業の成功の不能
　　③ 正会員の欠亡
　　④ 合併
　　⑤ 破産
　　⑥ 所轄庁による設立認証の取消
　2 前項第1号の事由によりこの法人が解散するときは、正会員総数の4分の3以上の承諾を得なければならない。
　3 第1項第2号の事由により解散するときは、所轄庁の認定を得なければならない。

（残余財産の帰属）
第52条 本法人が解散（合併又は破産による解散を除く）したときに残存する財産は、〇〇〇〇に譲渡するものとする。

（合併）
第53条 本法人が合併しようとするときは、総会において正会員総数の4分の3以上の議決を経、かつ、所轄庁の認証を得なければならない。

第8章 公告の方法

（公告の方法）
第54条 本法人の公告は、本法人の掲示場に掲示するとともに、〇〇新聞に掲載して行う。

第9章 事務局

（事務局の設置）
第55条　本法人に、本法人の事務を処理するために、事務局を設置する。
　　2　事務局には、事務局長及び必要な職員を置く。
（職員の任免）
第56条　事務局長及び職員の任免は、理事が行う。
（組織及び運営）
第57条　事務局の組織及び運営に関し必要な事項は、総会の議決を経て、理事長が別に定める。

第10章　雑則

（細則）
第58条　この定款の施行について必要な細則は、理事会の議決を経て、理事長がこれを定める。

附則
（省略）

資料2　特定非営利活動促進法

(平成10年3月25日　法律第7号)
施行、平10・12・1
改正、平11―法151・法160、平12―法111

第1章　総則

(目的)
第1条　この法律は、特定非営利活動を行う団体に法人格を付与すること等により、ボランティア活動をはじめとする市民が行う自由な社会貢献活動としての特定非営利活動の健全な発展を促進し、もって公益の増進に寄与することを目的とする。

(定義)
第2条　この法律において「特定非営利活動」とは、別表に掲げる活動に該当する活動であって、不特定かつ多数のものの利益の増進に寄与することを目的とするものをいう。

2　この法律において「特定非営利活動法人」とは、特定非営利活動を行うことを主たる目的とし、次の各号のいずれにも該当する団体であって、この法律の定めるところにより設立された法人をいう。

　一　次のいずれにも該当する団体であって、営利を目的としないものであること。
　　　イ　社員の資格の得喪に関して、不当な条件を付さないこと。
　　　ロ　役員のうち報酬を受けるの者の数が、役員総数の3分の1以下であること。
　二　その行う活動が次のいずれにも該当する団体であること。
　　　イ　宗教の教義を広め、儀式行事を行い、及び信者を教化育成することを主たる目的とするものでないこと。
　　　ロ　政治上の主義を推進し、支持し、又はこれに反対することを主たる目的とするものでないこと。
　　　ハ　特定の公職(公職選挙法(昭和25年法律第100号)第3条に規定する公職をいう。以下同じ。)の候補者(当該候補者になろうとする者を含む。)若しくは公職にある者又は政党を推薦し、支持し、又はこれらに反対することを目的とするものでないこと。

第2章　特定非営利活動法人

第1節　通則

（原則）
第3条　特定非営利活動法人は、特定の個人又は法人その他の団体の利益を目的として、その事業を行ってはならない。
2　特定非営利活動法人は、これを特定の政党のために利用してはならない。
（名称の使用制限）
第4条　特定非営利活動法人以外の者は、その名称中に、「特定非営利活動法人」又はこれに紛らわしい文字を用いてはならない。
（収益事業）
第5条　特定非営利活動法人は、その行う特定非営利活動に係る事業に支障がない限り、その収益を当該事業に充てるため、収益を目的とする事業（以下「収益事業」という。）を行うことができる。
2　収益事業に関する会計は、当該特定非営利活動法人の行う特定非営利活動に係る事業に関する会計から区分し、特別の会計として経理しなければならない。
（住所）
第6条　特定非営利活動法人の住所は、その主たる事務所の所在地にあるものとする。
（登記）
第7条　特定非営利活動法人は、政令で定めるところにより、登記しなければならない。
2　前項の規定により登記しなければならない事項は、登記の後でなければ、これをもって第三者に対抗することができない。
（民法の準用）
第8条　民法（明治29年法律第89号）第43条及び第44条の規定は、特定非営利活動法人について準用する。
（所轄庁）
第9条　特定非営利活動法人の所轄庁は、その事務所が所在する都道府県の知事とする。
2　特定非営利活動法人で2以上の都道府県の区域内に事務所を設置するものにあっては、その所轄庁は、前項の規定にかかわらず、内閣総理大臣とする。

第2節　設立
（設立の認証）
第10条　特定非営利活動法人を設立しようとする者は、内閣府令（前条第2項の特定非営利活動法人以外の特定非営利活動法人に係る場合にあっては、都道府県の条例。第26条第3項及び第44条第2項を除き、以下同じ。）で定めるところにより、次に掲げ

る書類を添付した申請書を所轄庁に提出して、設立の認証を受けなければならない。
　一　定款
　二　役員に係る次に掲げる書類
　　　イ　役員名簿（役員の氏名及び住所又は居所を記載した名簿をいう。）
　　　ロ　各役員の就任承諾書及びそれぞれの住所又は居所を証する書面として内閣府令で定めるもの
　　　ハ　第20条各号に該当しないこと及び第21条の規定に違反しないことを各役員が誓う旨の宣誓書の謄本
　　　ニ　役員のうち報酬を受ける者の氏名を記載した書面
　三　社員のうち10人以上の者の氏名（法人にあっては、その名称及び代表者の氏名）及び住所又は居所を記載した書面
　四　第2条第2項第2号及び第12条第1項第3号に該当することを確認したことを示す書面
　五　設立趣旨書
　六　設立者名簿（設立者の氏名及び住所又は居所を記載した名簿をいう。）
　七　設立についての意思の決定を証する議事録の謄本
　八　設立当初の財産目録
　九　事業年度を設ける場合には、設立当初の事業年度を記載した書面
　十　設立の初年及び翌年（事業年度を設ける場合には、当初の事業年度及び翌事業年度。次号において同じ。）の事業計画書
　十一　設立の初年及び翌年の収支予算書
2　所轄庁は、前項の認証の申請があった場合には、遅滞なく、その旨及び次に掲げる事項を公告するとともに、同項第1号、第2号イ、第5号、第10号及び第11号に掲げる書類を、申請書を受理した日から2月間、その指定した場所において公衆の縦覧に供しなければならない。
　一　申請のあった年月日
　二　申請に係る特定非営利活動法人の名称、代表者の氏名及び主たる事務所の所在地並びにその定款に記載された目的

（定款）
第11条　特定非営利活動法人の定款には、次に掲げる事項を記載しなければならない。
　一　目的
　二　名称
　三　その行う特定非営利活動の種類及び当該特定非営利活動に係る事業の種類

四　主たる事務所及びその他の事務所の所在地
　　五　社員の資格の得喪に関する事項
　　六　役員に関する事項
　　七　会議に関する事項
　　八　資産に関する事項
　　九　会計に関する事項
　　十　収益事業を行う場合には、その種類その他その収益事業に関する事項
　　十一　解散に関する事項
　　十二　定款の変更に関する事項
　　十三　公告の方法
２　設立当初の役員は、定款で定めなければならない。
３　第１項第11号に掲げる事項中に残余財産の帰属すべき者に関する規定を設ける場合には、その者は、特定非営利活動法人その他次に掲げる者のうちから選定されるようにしなければならない。
　　一　国又は地方公共団体
　　二　民法第34条の規定により設立された法人
　　三　私立学校法（昭和24年法律第270号）第３条に規定する学校法人
　　四　社会福祉法（昭和26年法律第45号）第22条に規定する社会福祉法人
　　五　更生保護事業法（平成７年法律第86号）第２条第６項に規定する更生保護法人
（認証の基準等）
第12条　所轄庁は、第10条第１項の認証の申請が次の各号に適合すると認めるときは、その設立を認証しなければならない。
　　一　設立の手続並びに申請書及び定款の内容が法令の規定に適合していること。
　　二　当該申請に係る特定非営利活動法人が第２条第２項に規定する団体に該当するものであること。
　　三　当該申請に係る特定非営利活動法人が暴力団（暴力団員による不当な行為の防止等に関する法律（平成３年法律第77号）第２条第２号に規定する暴力団をいう。以下この号において同じ。）又は暴力団若しくはその構成員（暴力団の構成団体の構成員を含む。）の統制の下にある団体でないこと。
　　四　当該申請に係る特定非営利活動法人が10人以上の社員を有するものであること。
２　前項の規定による認証又は不認証の決定は、正当な理由がない限り、第10条第２項の期間を経過した日から２月以内に行わなければならない。
３　所轄庁は、第１項の規定により不認証の決定をしたときは、速やかに、理由を付し

た書面をもって当該申請をした者にその旨を通知しなければならない。
（成立の時期等）
第13条　特定非営利活動法人は、その主たる事務所の所在地において設立の登記をすることによって成立する。
2　特定非営利活動法人は、前項の登記をしたときは、遅滞なく、当該登記をしたことを証する登記簿謄本を添付した届出書を所轄庁に提出しなければならない。
（民法の準用）
第14条　民法第51条第1項（法人の設立の時に関する部分に限る。）の規定は、特定非営利活動法人の設立について準用する。

第3節　管理
（役員の定数）
第15条　特定非営利活動法人には、役員として、理事3人以上及び監事1人以上を置かなければならない。
（理事の代表権）
第16条　理事は、すべて特定非営利活動法人の業務について、特定非営利活動法人を代表する。ただし、定款をもって、その代表権を制限することができる。
（業務の決定）
第17条　特定非営利活動法人の業務は、定款に特別の定めのないときは、理事の過半数をもって決する。
（監事の職務）
第18条　監事は、次に掲げる職務を行う。
　一　理事の業務執行の状況を監査すること。
　二　特定非営利活動法人の財産の状況を監査すること。
　三　前2号の規定による監査の結果、特定非営利活動法人の業務又は財産に関し不正の行為又は法令若しくは定款に違反する重大な事実があることを発見した場合には、これを社員総会又は所轄庁に報告すること。
　四　前号の報告をするために必要がある場合には、社員総会を招集すること。
　五　理事の業務執行の状況又は特定非営利活動法人の財産の状況について、理事に意見を述べること。
（監事の兼職禁止）
第19条　監事は、理事又は特定非営利活動法人の職員を兼ねてはならない。
（役員の欠格事由）

第20条 次の各号のいずれかに該当する者は、特定非営利活動法人の役員になることができない。
　一　成年被後見人又は被保佐人
　二　破産者で復権を得ないもの
　三　禁錮以上の刑に処せられ、その執行を終わった日又はその執行を受けることがなくなった日から2年を経過しない者
　四　この法律若しくは暴力団員による不当な行為の防止等に関する法律の規定（同法第31条第7項の規定を除く。）に違反したことにより、又は刑法（明治40年法律第45号）第204条、第206条、第208条、第208条の2、第222条若しくは第247条の罪若しくは暴力行為等処罰に関する法律（大正15年法律第60号）の罪を犯したことにより、罰金の刑に処せられ、その執行を終わった日又はその執行を受けることがなくなった日から2年を経過しない者
　五　第43条の規定により設立の認証を取り消された特定非営利活動法人の解散当時の役員で、設立の認証を取り消された日から2年を経過しない者

（役員の親族等の排除）
第21条 役員のうちには、それぞれの役員について、その配偶者若しくは三親等以内の親族が1人を超えて含まれ、又は当該役員並びにその配偶者及び三親等以内の親族が役員の総数の3分の1を超えて含まれることになってはならない。

（役員の欠員補充）
第22条 理事又は監事のうち、その定数の3分の1を超える者が欠けたときは、遅滞なくこれを補充しなければならない。

（役員の変更等の届出）
第23条 特定非営利活動法人は、その役員の氏名又は住所若しくは居所に変更があったときは、遅滞なくその旨を所轄庁に届け出なければならない。
2　特定非営利活動法人は、役員が新たに就任した場合（任期満了と同時に再任された場合を除く。）において前項の届出をするときは、当該役員に係る第10条第1項第2号ロ及びハに掲げる書類を所轄庁に提出しなければならない。

（役員の任期）
第24条 役員の任期は、2年以内において定款で定める期間とする。ただし、再任を妨げない。

（定款の変更）
第25条 定款の変更は、定款で定めるところにより、社員総会の議決を経なければならない。

2　前項の議決は、社員総数の2分の1以上が出席し、その出席者の4分の3以上の多数をもってしなければならない。ただし、定款に特別の定めがあるときは、この限りでない。

3　定款の変更（第11条第1項第4号に掲げる事項に係るもの（所轄庁の変更を伴わないものに限る。）並びに同項第8号及び第13号に掲げる事項に係るもの（第6項において「軽微な事項に係る定款の変更」という。）を除く。）は、所轄庁の認証を受けなければ、その効力を生じない。

4　特定非営利活動法人は、前項の認証を受けようとするときは、当該定款の変更を議決した社員総会の議事録の謄本及び変更後の定款を添付した申請書を、所轄庁に提出しなければならない。

5　第10条第2項及び第12条の規定は、第3項の認証について準用する。

6　特定非営利活動法人は、軽微な事項に係る定款の変更をしたときは、遅滞なくその旨を所轄庁に届け出なければならない。

第26条　所轄庁の変更を伴う定款の変更に係る前条第4項の申請書は、変更前の所轄庁を経由して変更後の所轄庁に提出するものとする。

2　前項の場合においては、前条第4項の添付書類のほか、第10条第1項第2号イ及び第4号に掲げる書類並びに直近の第28条第1項に規定する事業報告書等（設立後当該書類が作成されるまでの間は第10条第1項第8号に掲げる書類、合併後当該書類が作成されるまでの間は第35条第1項の財産目録）を申請書に添付しなければならない。

3　第1項の場合において、当該定款の変更を認証したときは、所轄庁は、内閣府令で定めるところにより、遅滞なく、変更前の所轄庁から事務の引継ぎを受けなければならない。

（会計の原則）

第27条　特定非営利活動法人の会計は、この法律に定めるもののほか、次に掲げる原則に従って、行わなければならない。

一　収入及び支出は、予算に基づいて行うこと。

二　会計簿は、正規の簿記の原則に従って正しく記帳すること。

三　財産目録、貸借対照表及び収支計算書は、会計簿に基づいて収支及び財政状態に関する真実な内容を明りょうに表示したものとすること。

四　採用する会計処理の基準及び手続については、毎年（事業年度を設けている場合は、毎事業年度。次条第1項及び第29条第1項において同じ。）継続して適用し、みだりにこれを変更しないこと。

（事業報告書等の備置き等及び閲覧）

第28条　特定非営利活動法人は、毎年初めの3月以内に、内閣府令で定めるところにより、前年（事業年度を設けている場合は、前事業年度。以下この項において同じ。）の事業報告書、財産目録、貸借対照表及び収支計算書（次項、次条及び第43条第1項において「事業報告書等」という。）並びに役員名簿（前年において役員であったことがある者全員の氏名及び住所又は居所を記載した名簿をいう。）、当該役員名簿に記載された者のうち前年において報酬を受けたことがある者全員の氏名を記載した書面並びに社員のうち10人以上の者の氏名（法人にあっては、その名称及び代表者の氏名）及び住所又は居所を記載した書面（次項、次条及び第43条第1項において「役員名簿等」という。）を作成し、これらを、その年の翌々年（事業年度を設けている場合は、翌々事業年度）の末日までの間、主たる事務所に備え置かなければならない。

2　特定非営利活動法人は、その社員その他の利害関係人から事業報告書等（設立後当該書類が作成されるまでの間は第10条第1項第8号に掲げる書類、合併後当該書類が作成されるまでの間は第35条第1項の財産目録。次条第2項において同じ。）、役員名簿等又は定款若しくはその認証若しくは登記に関する書類の写し（次条及び第43条第1項において「定款等」という。）の閲覧の請求があった場合には、正当な理由がある場合を除いて、これを閲覧させなければならない。

（事業報告書等の提出及び公開）

第29条　特定非営利活動法人は、内閣府令で定めるところにより、毎年1回、事業報告書等、役員名簿等及び定款等（その記載事項に変更があった定款並びに当該変更に係る認証及び登記に関する書類の写しに限る。）を所轄庁に提出しなければならない。

2　所轄庁は、特定非営利活動法人から提出を受けた事業報告書等若しくは役員名簿等（過去3年間に提出を受けたものに限る。）又は定款等について閲覧の請求があった場合には、内閣府令で定めるところにより、これを閲覧させなければならない。

（民法の準用）

第30条　民法第54条から第57条まで及び第60条から第66条までの規定は、特定非営利活動法人の管理について準用する。この場合において、同法第56条中「裁判所ハ利害関係人又ハ検察官ノ請求ニ因リ」とあるのは、「所轄庁ハ利害関係人ノ請求ニ因リ又ハ職権ヲ以テ」と読み替えるものとする。

第4節　解散及び合併

（解散事由）

第31条　特定非営利活動法人は、次に掲げる事由によって解散する。

一　社員総会の決議

二　定款で定めた解散事由の発生
三　目的とする特定非営利活動に係る事業の成功の不能
四　社員の欠亡
五　合併
六　破産
七　第43条の規定による設立の認証の取消し
2　前項第3号に掲げる事由による解散は、所轄庁の認定がなければ、その効力を生じない。
3　特定非営利活動法人は、前項の認定を受けようとするときは、第1項第3号に掲げる事由を証する書面を、所轄庁に提出しなければならない。
4　清算人は、第1項第1号、第2号、第4号又は第6号に掲げる事由によって解散した場合には、遅滞なくその旨を所轄庁に届け出なければならない。

(残余財産の帰属)
第32条　解散した特定非営利活動法人の残余財産は、合併及び破産の場合を除き、所轄庁に対する清算結了の届出の時において、定款で定めるところにより、その帰属すべき者に帰属する。
2　定款に残余財産の帰属すべき者に関する規定がないときは、清算人は、所轄庁の認証を得て、その財産を国又は地方公共団体に譲渡することができる。
3　前2項の規定により処分されない財産は、国庫に帰属する。

(合併)
第33条　特定非営利活動法人は、他の特定非営利活動法人と合併することができる。

(合併手続)
第34条　特定非営利活動法人が合併するには、社員総会の議決を経なければならない。
2　前項の議決は、社員総数の4分の3以上の多数をもってしなければならない。ただし、定款に特別の定めがあるときは、この限りでない。
3　合併は、所轄庁の認証を受けなければ、その効力を生じない。
4　特定非営利活動法人は、前項の認証を受けようとするときは、第1項の議決をした社員総会の議事録の謄本を添付した申請書を、所轄庁に提出しなければならない。
5　第10条及び第12条の規定は、第3項の認証について準用する。

第35条　特定非営利活動法人は、前条第3項の認証があったときは、その認証の通知のあった日から2週間以内に、財産目録及び貸借対照表を作成し、次項の規定により債権者が異議を述べることができる期間が満了するまでの間、これをその主たる事務所に備え置かなければならない。

2　特定非営利活動法人は、前条第3項の認証があったときは、その認証の通知のあった日から2週間以内に、その債権者に対し、合併に異議があれば1定の期間内に述べるべきことを公告し、かつ、判明している債権者に対しては、各別にこれを催告しなければならない。この場合において、その期間は、2月を下回ってはならない。

第36条　債権者が前条第2項の期間内に異議を述べなかったときは、合併を承認したものとみなす。

2　債権者が異議を述べたときは、特定非営利活動法人は、これに弁済し、若しくは相当の担保を供し、又はその債権者に弁済を受けさせることを目的として信託会社若しくは信託業務を営む銀行に相当の財産を信託しなければならない。ただし、合併をしてもその債権者を害するおそれがないときは、この限りでない。

第37条　合併により特定非営利活動法人を設立する場合においては、定款の作成その他特定非営利活動法人の設立に関する事務は、それぞれの特定非営利活動法人において選任した者が共同して行わなければならない。

（合併の効果）

第38条　合併後存続する特定非営利活動法人又は合併によって設立した特定非営利活動法人は、合併によって消滅した特定非営利活動法人の一切の権利義務（当該特定非営利活動法人がその行う事業に関し行政庁の認可その他の処分に基づいて有する権利義務を含む。）を承継する。

（合併の時期等）

第39条　特定非営利活動法人の合併は、合併後存続する特定非営利活動法人又は合併によって設立する特定非営利活動法人の主たる事務所の所在地において登記をすることによって、その効力を生ずる。

2　第13条第2項の規定は、前項の登記をした場合について準用する。

（民法等の準用）

第40条　民法第69条、第70条、第73条から第76条まで、第77条第2項（届出に関する部分に限る。）及び第78条から第83条まで並びに非訟事件手続法（明治31年法律第14号）第35条第2項、第36条、第37条ノ2、第136条から第137条まで及び第138条の規定は、特定非営利活動法人の解散及び清算について準用する。この場合において、民法第77条第2項及び第83条中「主務官庁」とあるのは、「所轄庁」と読み替えるものとする。

第5節　監督

（報告及び検査）

第41条　所轄庁は、特定非営利活動法人が法令、法令に基づいてする行政庁の処分又は定款に違反する疑いがあると認められる相当な理由があるときは、当該特定非営利活動法人に対し、その業務若しくは財産の状況に関し報告をさせ、又はその職員に、当該特定非営利活動法人の事務所その他の施設に立ち入り、その業務若しくは財産の状況若しくは帳簿、書類その他の物件を検査させることができる。
2　所轄庁は、前項の規定による検査をさせる場合においては、当該検査をする職員に、同項の相当の理由を記載した書面を、当該特定非営利活動法人の役員その他の当該検査の対象となっている事務所その他の施設の管理について権限を有する者（以下この項において「特定非営利活動法人の役員等」という。）に提示させなければならない。この場合において、当該特定非営利活動法人の役員等が当該書面の交付を要求したときは、これを交付させなければならない。
3　第1項の規定による検査をする職員は、その身分を示す証明書を携帯し、関係人にこれを提示しなければならない。
4　第1項の規定による検査の権限は、犯罪捜査のために認められたものと解してはならない。

（改善命令）
第42条　所轄庁は、特定非営利活動法人が第12条第1項第2号、第3号又は第4号に規定する要件を欠くに至ったと認めるときその他法令、法令に基づいてする行政庁の処分若しくは定款に違反し、又はその運営が著しく適正を欠くと認めるときは、当該特定非営利活動法人に対し、期限を定めて、その改善のために必要な措置を採るべきことを命ずることができる。

（設立の認証の取消し）
第43条　所轄庁は、特定非営利活動法人が、前条の命令に違反した場合であって他の方法により監督の目的を達することができないとき又は3年以上にわたって第29条第1項の規定による事業報告書等、役員名簿等又は定款等の提出を行わないときは、当該特定非営利活動法人の設立の認証を取り消すことができる。
2　所轄庁は、特定非営利活動法人が法令に違反した場合において、前条の命令によってはその改善を期待することができないことが明らかであり、かつ、他の方法により監督の目的を達することができないときは、同条の命令を経ないでも、当該特定非営利活動法人の設立の認証を取り消すことができる。
3　前2項の規定による設立の認証の取消しに係る聴聞の期日における審理は、当該特定非営利活動法人から請求があったときは、公開により行うよう努めなければならない。

4　所轄庁は、前項の規定による請求があった場合において、聴聞の期日における審理を公開により行わないときは、当該特定非営利活動法人に対し、当該公開により行わない理由を記載した書面を交付しなければならない。

第6節　雑則
（情報の提供）
第44条　内閣総理大臣は、第9条第2項の特定非営利活動法人の事務所が所在する都道府県の知事に対し、第29条第2項の閲覧に係る書類の写し（この項の規定により既に送付したものを除く。）を送付しなければならない。
2　第9条第2項の特定非営利活動法人は、内閣府令で定めるところにより、前項の書類の写しを内閣総理大臣に提出しなければならない。
3　都道府県の知事は、条例で定めるところにより、第1項の規定により送付を受けた書類の写しを閲覧させることができる。

（実施規定）
第45条　この章に定めるもののほか、この章の規定の実施のための手続その他その執行に関し必要な細則は、内閣府令で定める。

第3章　税法上の特例

第46条　特定非営利活動法人は、法人税法（昭和40年法律第34号）その他法人税に関する法令の規定の適用については、同法第2条第6号に規定する公益法人等とみなす。この場合において、同法第37条の規定を適用する場合には同条第3項中「公益法人等」とあるのは「公益法人等（特定非営利活動促進法（平成10年法律第7号）第2条第2項に規定する法人（以下「特定非営利活動法人」という。）を除く。）」と、同条第4項中「公益法人等」とあるのは「公益法人等（特定非営利活動法人を除く。）」と、同法第66条の規定を適用する場合には同条第1項及び第2項中「普通法人」とあるのは「普通法人（特定非営利活動法人を含む。）」と、同条第3項中「公益法人等」とあるのは「公益法人等（特定非営利活動法人を除く。）」と、租税特別措置法（昭和32年法律第26号）第68条の6の規定を適用する場合には同条中「みなされているもの」を「みなされているもの（特定非営利活動促進法（平成10年法律第7号）第2条第2項に規定する法人については、小規模な法人として政令で定めるものに限る。）」とする。
2　特定非営利活動法人は、消費税法（昭和63年法律第108号）その他消費税に関する法令の規定の適用については、同法別表第3に掲げる法人とみなす。

3　特定非営利活動法人は、地価税法（平成3年法律第69号）その他地価税に関する法令の規定（同法第33条の規定を除く。）の適用については、同法第2条第6号に規定する公益法人等とみなす。ただし、同法第6条の規定による地価税の非課税に関する法令の規定の適用については、同法第2条第7号に規定する人格のない社団等とみなす。

第4章　罰則

第47条　第42条の規定による命令に違反した者は、50万円以下の罰金に処する。

第48条　特定非営利活動法人の代表者又は代理人、使用人その他の従業者が、その特定非営利活動法人の業務に関して前条の違反行為をしたときは、行為者を罰するほか、その特定非営利活動法人に対しても同条の刑を科する。

第49条　次の各号の1に該当する場合においては、特定非営利活動法人の理事、監事又は清算人は、20万円以下の過料に処する。
一　第7条第1項の規定による政令に違反して、登記することを怠ったとき。
二　第14条において準用する民法第51条第1項の規定に違反して、財産目録を備え置かず、又はこれに記載すべき事項を記載せず、若しくは不実の記載をしたとき。
三　第23条第1項又は第25条第6項の規定に違反して、届出をせず、又は虚偽の届出をしたとき。
四　第28条第1項の規定に違反して、書類を備え置かず、又はこれに記載すべき事項を記載せず、若しくは不実の記載をしたとき。
五　第29条第1項の規定に違反して、書類の提出を怠ったとき。
六　第35条第1項の規定に違反して、書類の作成をせず、又はこれに記載すべき事項を記載せず、若しくは不実の記載をしたとき。
七　第35条第2項又は第36条第2項の規定に違反したとき。
八　第40条において準用する民法第70条第2項又は第81条第1項の規定に違反して、破産宣告の請求をしなかったとき。
九　第40条において準用する民法第79条第1項又は第81条第1項の規定に違反して、公告をせず、又は不正の公告をしたとき。

第50条　第4条の規定に違反した者は、10万円以下の過料に処する。

附則

（施行期日）

1　この法律は、公布の日から起算して1年を超えない範囲内において政令で定める日〔平10政229により、平10・12・1〕から施行する。
(検討)
2　特定非営利活動法人制度については、この法律の施行の日から起算して3年以内に検討を加え、その結果に基づいて必要な措置が講ぜられるものとする。
(経過措置)
3　この法律の施行の日から6月を経過する日までの間に行われた第10条第1項の認証の申請ついての第12条第2項の規定の適用については、同項中「2月以内」とあるのは、「この法律の施行後10月以内」とする。
4・5〔省略〕

別表（第2条関係）
1　保健、医療又は福祉の増進を図る活動
2　社会教育の推進を図る活動
3　まちづくりの推進を図る活動
4　文化、芸術又はスポーツの振興を図る活動
5　環境の保全を図る活動
6　災害救援活動
7　地域安全活動
8　人権の擁護又は平和の推進を図る活動
9　国際協力の活動
10　男女共同参画社会の形成の促進を図る活動
11　子どもの健全育成を図る活動
12　前各号に掲げる活動を行う団体の運営又は活動に関する連絡、助言又は援助の活動

附則〔抄〕（平成11年法律第151号）
(施行期日)
第1条　この法律は、平成12年4月1日から施行する。〔後略〕

附則〔抄〕（平成11年法律第160号）
(施行期日)
第1条　この法律〔中略〕は、平成13年1月6日から施行する。〔後略〕

附則〔抄〕（平成12年法律第111号）
（施行期日）
第1条　この法律は、公布の日から施行する。〔後略〕

熊谷則一（くまがい　のりかず）
1964年生まれ
1988年　　東京大学法学部卒業
　　　　　　建設省勤務（1989年まで）
1991年　　司法試験合格
1994年　　弁護士登録（第二東京弁護士会）
2000年　　特定非営利活動法人生涯学習アクティブネット設立

現　　在　　弁護士（濱田法律事務所）
　　　　　　特定非営利活動法人生涯学習アクティブネット理事長

特定非営利活動法人生涯学習アクティブネット
　　　　　http://homepage2.nifty.com/npo-anet/
　　メールアドレス　npo-anet@mbg.nifty.com

ＮＰＯ法人の社員総会Ｑ＆Ａ
2002年2月20日　　初版第1刷発行

著者　────　熊谷則一
発行者　───　平田　勝
発行　────　花伝社
発売　────　共栄書房
〒101-0065　東京都千代田区西神田2-7-6 川合ビル
電話　　　03-3263-3813
FAX　　　03-3239-8272
E-mail　　kadensha@muf.biglobe.ne.jp
ホームページ　http://www1.biz.biglobe.ne.jp/~kadensha
振替　────　00140-6-59661
装幀　────　長澤俊一
印刷　────　中央精版印刷株式会社

Ⓒ 2002　熊谷則一
ISBN4-7634-0379-6 C0036

|花伝社の本|

NPO法人の税務
赤塚和俊
定価（本体2000円＋税）

●NPO法人に関する税制を包括的に解説
NPO時代のすぐ役に立つ税の基礎知識。NPO法人制度の健全な発展と、税の優遇措置など税制の改正に向けての市民の側からの提言。海外のNPO税制も紹介。
著者は、公認会計士、全国市民オンブズマン連絡会議代表幹事。

NPO支援税制の手引き
赤塚和俊
定価（本体800円＋税）

●制度のあらましと認定の要件
日本にもNPO時代がやってきた。さまざまな分野に急速に拡がりつつあるNPO法人。2001年10月から申請受付が始まった、NPO支援税制の、すぐ役にたつ基礎知識と利用の仕方。申請の書式を収録。

冷凍庫が火を噴いた
——メーカー敗訴のPL訴訟——
全国消費者団体連絡会
PLオンブズ会議　編
定価（本体2000円＋税）

●PL訴訟に勝利した感動の記録
三洋電機冷凍庫火災事件の顛末。PL訴訟は、消費者側が勝つことが極めて困難と言われている中で、原告、弁護団、技術士、支援の運動が一体となって勝利した貴重な記録と分析。あとをたたない製造物被害。PL訴訟はこうやれば勝てる。東京地裁判決全文を収録。

ダムはいらない
球磨川・川辺川の清流を守れ
川辺川利水訴訟原告団
川辺川利水訴訟弁護団　編
定価（本体800円＋税）

●巨大な浪費——ムダな公共事業を見直す！
ダムは本当に必要か——農民の声を聞け！立ち上がった2000名を越える農民たち。強引に進められた手続き。「水質日本一」の清流は、ダム建設でいま危機にさらされている‥‥。

コンビニ・フランチャイズはどこへ行く
本間重紀・山本晃正・岡田外司博　編
定価（本体800円＋税）

●「地獄の商法」の実態
あらゆる分野に急成長のフランチャイズ。だが繁栄の影で何が起こっているか？　曲がり角にたつコンビニ。競争激化と売上げの頭打ち、詐欺的勧誘、多額の初期投資と高額なロイヤリティー、やめたくともやめられない…適正化への法規制が必要ではないか？

コンビニの光と影
本間重紀　編
定価（本体2500円＋税）

●コンビニは現代の「奴隷の契約」？
オーナーたちの悲痛な訴え。激増するコンビニ訴訟。「繁栄」の影で、今なにが起こっているか……。働いても働いても儲からないシステム——共存共栄の理念はどこへ行ったか？優越的地位の濫用——契約構造の徹底分析。コンビニ改革の方向性を探る。

花伝社の本

情報公開ナビゲーター
―消費者・市民のための情報公開利用の手引き―
日本弁護士連合会 消費者問題対策委員会 編
定価（本体1700円＋税）

●情報公開を楽しもう！
これは便利だ。情報への「案内人」。どこで、どんな情報が取れるか？ 生活情報Q&A、便利な情報公開マップを収録。日本における本格的な情報公開時代に。

情報公開法の手引き
―逐条分析と立法過程―
三宅 弘
定価（本体2500円＋税）

●「知る権利」はいかに具体化されたか？「劇薬」としての情報公開法。市民の立場から利用するための手引書。立法過程における論点と到達点、見直しの課題を逐条的に分析した労作。条例の制定・改正・解釈・運用にとっても有益な示唆に富む。

情報公開条例ハンドブック
制定・改正・運用―改正東京都条例を中心に
第二東京弁護士会
定価（本体3200円＋税）

●情報公開法の制定にともなって、条例はどうあるべきか
大幅に改正された東京都情報公開条例の詳細な解説と提言。情報公開条例の創設・改正・運用にとって有益な示唆に富む労作。都道府県すべてに制定された条例や地方議会の情報公開条例などの資料を収録。

楽々理解 ハンセン病
人間回復――奪われた90年「隔離」の責任を問う
ハンセン病国賠訴訟を支援する会・熊本
武村 淳 編
定価（本体800円＋税）

●国の控訴断念―画期的熊本地裁判決
ハンセン病とは何か。誤った偏見・差別はなぜ生まれたか？ 強制隔離、患者根絶政策の恐るべき実態。強制収容、断種、堕胎手術、監禁室……生々しい元患者の証言。
この1冊で、ハンセン病問題の核心と全体像が楽々分かる。

国連子どもの権利委員会への市民NGO報告書
"豊かな国"日本社会における子ども期の喪失
子どもの権利条約 市民・NGO報告書をつくる会
定価（本体2500円＋税）

●「自己喪失」――危機にたつ日本の子どもたち
子どもの権利条約は生かせるか。政府報告書に対する草の根からの実態報告と提言。
市民・NGOがまとめた子どもたちの本当の姿。情報の宝庫、資料の集大成、子ども問題解決の処方箋。この報告書なくして子ども問題は語れない！

国連・子どもの権利委員会最終所見の実現を
子ども期の回復
―子どもの"ことば"をうばわない関係を求めて―
子どもの権利を守る国連NGO・DCI日本支部 編
定価（本体2095円＋税）

●子どもの最善の利益とはなにか
自分の存在をありのままに受け入れてもらえる居場所を喪失した日本の子どもたち。「豊かな国」日本で、なぜ、学級崩壊、いじめ、登校拒否などのさまざまな現象が生じているか。先進国日本における子ども問題を解くカギは？
子ども期の喪失から回復へ。